哲學很有事

十九世紀

哲學開外掛，認識哲學家的新角度！

Cibala——著

三民書局

推薦序

輔仁大學哲學系教授
尤煌傑

本人很榮幸為蒲世豪博士新作──《哲學很有事：十九世紀》的面世撰寫推薦文。為了表達真摯的祝賀與肯定蒲博士的貢獻，我在此要先略述本人在哲學系三十年的教學見聞，以襯托本書的特殊意義。

大約二十多年前，本人曾受邀參加在臺大哲學系舉辦的哲學系必修課程研討會，我參加的是關於哲學概論的場次。另外，有一場關於西洋哲學史的場次。

在與會者討論的當中，有位教授提出了一個至今仍被忽略的問題。這個問題的大意是，在臺灣各大學哲學系都有開設西洋哲學史課程，教授這門課的老師人數在各系應當比例非常高，但是為何只有寥寥可數的本國人撰寫的西洋哲學史教科書，反而大多採用外國人寫的教科書？我已忘記會場中的討論過程，但是這個情況至今沒有太大的改變。

為何需要本國人自己寫教科書？對大學教授而言，這個問題似乎多餘，因為大學教授應該有能力自訂教材，如果教材夠完整，應該也有相當比例可以達到出版的水準，但就是幾乎沒有。在現在的情況是，多數老師被研究成果壓得喘不過氣來，沒空寫沒有研究成績的教科書。但是二十幾年前，沒有強大研究成果壓力的時候，也是沒有太多相關教科書。現實的情況是西洋哲學史太龐雜了，不是隨便一個教過的人就可以完成。

本人曾受劉仲容教授邀請，共同編寫空大版的西洋哲學史，我負責近代哲學的部分，其餘部分分別由其他教授執筆。空大版的教科書要比普通大學的教科書較為精簡，因此在七八年前，我在輔仁大學申請一個教學卓越計畫裡的教師社群子計畫，主題是關於西洋近代哲學及其文明背景，邀請了人文、社會、自然各科系的若干位老師，分別從他們的專業來探究西方近代在各方面的學術發展與哲學的相關性。最後期待能促成一部關於西洋近代文明史或哲學史的教科書，但是這個願望仍然沒有達成。

對照以上本人所經歷的教學經驗，蒲世豪博士能把《哲學很有事》這個系列，按照時代寫到第四冊，推進到二十世紀，其勇氣與毅力令人刮目相看。雖然它不是寫成教科書的樣式，但是把它當成一部哲學科普書來看還是不簡單的成果。

我看到這本書的初稿時，得到一個更強的領悟，西洋哲學思想不只是哲學系該關心的事，更是全體接受過現代教育者必須要認識的素養。臺灣作為海島國家，需要大量發展對外關係，我們不能短視的只看重西方尖端科技成果，更需要了解促成今日科學昌明的背後是怎樣的哲學基礎觀念在引導，才能追本溯源，自我提升。蒲世豪博士的新作正好可以作為一部優良的觀念導引的佳作。

這部書的特點是：它把複雜的哲學理論，按照主題分切成較容易接受的小單元，每個小單元把哲學原著的重要觀念，改編成童話般的描述方式，然後再簡介哲學家的思想，並附上幾個重點複習的小問題。這些細節上的巧思，使得這部作品適合九到九十九歲的非學院讀者輕鬆閱讀。因為蒲博士的努力與巧妙的想像力，使得這部大作有了更活潑的氣息，特此向各界大小朋友推薦閱讀此書，絕對受益匪淺。

《哲學很有事》推薦序

中國文化大學哲學系教授
傅皓政

Cibala 老師的《哲學很有事》出到第四冊了，看來哲學真的有很多故事！

首先，我想談談閱讀這本書的一些心情轉折。從閱讀《哲學很有事》第一冊開始，裡頭的故事總是會令我讚嘆，原因在於這一系列的書真的做到了深入淺出的寫作風格，它提供討論哲學最棒的起點，我就經常和同學們從這些故事開始討論哲學所關心的課題，有趣的是，很多人都受到這些故事的啟發創造屬於自己的哲學故事；另一方面，這本書也常常讓我拍案叫絕，每次在閱讀的時候，各種情緒不斷地湧進大腦，感覺十分複雜，彷彿作為一個「人」的各種情緒不斷地被攪動與試煉著。如果你開始讀這一系列的書，你就會了解我所說的萬般情緒！

接下來，我想談談這本書，十九世紀的哲學閃耀著什麼樣的光芒呢？隨著Cibala老師的腳步，我們看到了黑格爾和叔本華的對壘，看到費爾巴哈與馬克思對於宗教的質問，也見到對達爾文演化論的價值思辨，以及林肯、拿破崙等人所反應的哲學觀點，真的十分精采。從馬爾薩斯的理性「末世論」觀點，我們似乎可以重新理解戰爭或災難的意義，對整體人類而言，戰爭或災難是否真的是「不幸」？抑或只是抑制人類增長速度的「自然」手段呢？在達爾文的進化論中，透過天擇而生存下來的生物真的是比較「好」的物種嗎？還是只是「剛好」適合環境而已？這些故事讓我不禁想起《冰原歷險記》這部電影，如果我們不加思索地認為能夠生存下來的就是比較「好」的生物的話，那豈不是應該要認為樹懶顯然是比長毛象和劍齒虎還要好的生物？因為樹懶至今尚未滅絕，但長毛象與劍齒虎早就不復存在了。我不禁會想像，如果讓不知道演化結果的孩子們來投票，他們會覺得哪種生物比較「好」呢？

在彌爾對自由的觀點中，我們看到限制自由唯一的理由就是當這樣的自由會傷害他人時才是正當的理由，這讓我們有機會反思以「為了你好」或者「這會引起我的不悅」其實都不能成為限制自由的好理由。更有趣的是道德上的應該是要以行為所帶來的實際結果，還是以行為的合理可預期結果作為判斷的標準？這個論辯讓我們理解人類的限制，沒有人能夠厲害到在做某個行為之時，就知道該行為會帶來的實際結果，否則就不會出現「我也不知道會這樣！」的說法。但是，我們又常常會對做錯事的人說：「你怎麼可以不知道會這樣呢？」彷彿我們對人也有著期待是他應該要努力地知道該行為會帶來的實際結果。

另外，在尼采的上帝已死的故事中，我們可以看到尼采精彩的邏輯思維，如果你敢犯罪，就證明心中沒有上帝，而你現在的懺悔是想要告訴別人你相信有上帝，這樣不是充滿矛盾嗎？而齊克果對於生命意義的問句，更是讓我久久不自己，「你的生命，你的存在，是為了什麼？」這個問句真的是太深刻了！

我覺得Cibala老師最厲害的是把我們寫進故事中，在閱讀這些故事的時候，我其實就是故事中的一個角色，不管是觀察其他人怎麼說話，或是想像自己如何發問或回答，都是一場趣味橫生的生活饗宴。不要遲疑，就讓我們和Cibala老師一起手牽著手探索哲學吧！

導言

十九世紀是「浪漫主義」的世紀。西方哲學在言必求理性進步的啟蒙時代之後，接續著一波強烈的反彈，轉而否定以理性追求進步的基調。這股力量在十九世紀蓬勃發展，產生了許多有趣的思想，深刻地展現理性外的另一面。

「浪漫主義」這個詞的字義源自於Romantic或Romance，原來指「羅馬」或「羅馬口音」的人，後引申為以強烈情感為行動綱領的人，這是浪漫主義的核心價值。浪漫主義者推崇強烈的情感、喜歡直覺與想像，歌頌生命力，討厭束縛，追求解放，偏好審美甚至超過利害計較。

十八世紀的瑞士思想家盧梭是浪漫主義的重要先驅。十八世紀末的浪漫主義首先在德國的文學（如詩人歌德）與藝術（如作曲家貝多芬）上呈現，十九世紀時則擴張到整個歐洲。這股浪潮在文學、音樂、藝術各不同領域都有重大的發展，但這些並不是本書討論的對象。我們要討論的是「思想結晶」，十九世紀在哲學思想上也一樣受到浪漫主義的衝擊，時而抵抗，時而吸收，時而轉化為新的衝擊，繼續影響世界。

浪漫主義的思想中心是強烈的情感，徹底的解放，不信任秩序或進步。或許有讀者認為，哲學是種「理性」的學問，當浪漫主義的重點不再是理性，豈非哲學思想的「倒退」？不過，深入理解與思考，會發現浪漫主義並不是單純排斥或放棄理性，而是批判理性的「不足」。

浪漫主義的思想認為要完整地了解人，只強調「理性」或「進步」是遠遠不夠的，是破碎的、是誤導的、是束縛的、是不自由的，甚至是捨本逐末的。

人不單只有理性這一面，當發現事實不只是這樣，卻仍假裝如此，不只不理性，更可謂自欺。浪漫主義者致力於發掘人的「完整性」、人真正的自我，在這一點上，他們是更理性，超乎理性的。與其說成是啟蒙的對手，浪漫主義更像是繼承啟蒙，卻致力於解放一切的後人。

若說所有哲學都有同樣的形式，就好像說看起來就像一家人的家族一定要有個完全相同的特徵，實際上卻不必要如此。有時女兒的眼睛會與爸爸相似，兒子的鼻子會與媽媽相似，而爸爸媽媽又恰是輪廓上相似。總之，不同的哲學也可能是「部分交錯」地相似，而不是非有個全員統一的條件不可。我們以下介紹的哲學家，也是在這種意義下被串連起來，所以儘管他們不見得共有什麼想法，但他們想法間複雜有趣的關聯，仍能讓我們對浪漫主義乃至於整體哲學了解更深。

黑格爾站在十八世紀哲學的終點，一方面高高豎起理性大旗，成為十九世紀哲學砲火的焦點；另一方面，又跟前一代的抽象的分析有著很大的不同，黑格爾的歷史性精神，展現出的強烈的生命力，與其說理性，更是充滿浪漫主義的色彩。

在對「進步」的反對上，馬爾薩斯以經濟的角度預言人類末日將近，叔本華悲觀厭世，齊克果高唱絕望，達爾文演化論的世界觀是無目的性的，威廉詹姆士以「實用」替換了「進步」，尼采深刻批評現代化的問題，高喊上帝已死，人們悲壯而無奈地走向新時代。

在對「理性」的反對上，思想家不再停留在理性或意識的層面，深入探索人類精神中非理性的部分。不管是叔本華的「意志」，齊克果對「自我」的剖析，費爾巴哈談宗教是精神的「異化」，或者佛洛伊德劃世紀的「潛意識」概念，都是讓人們透過這些概念跟工具，更深地了解人。

反「資本主義」這種社會制度也是這時代的重點。英國的歐文主義，以馬克思與恩格斯為首的共產主義，法國普魯東與俄國巴枯寧的無政府主義，儘管對未來世界的想像不同，他們都認為資本主義無藥可救，應該代之以更公平理想的社會。

彌爾與史賓賽，是十九世紀思想的異數。他們的思想跟自由理性、樂觀進步的啟蒙風格是比較契合的，只是在許多細節概念上，做進一步的澄清與建設。

最後必須要說，十九世紀哲學的閱讀與寫作，對筆者而言，也是場驚心動魄的探險。筆者時而因迷路而憤怒，時而因理解而狂喜，時而因感動而傷悲。十九世紀的哲學帶來了一種不同於前一代，驚人的有趣的視角，並繼續深刻地影響下一個時代。我已經盡其所能地以有趣方式呈現，希望大家會喜歡。

哲學很有事

十九世紀

Contents 目次

黑白大戰

你們要哀號，因為耶和華的日子近了！這日來到，好像毀滅從全能者來到。

《聖經．以賽亞書》第 13 章第 6 節

年代地點俱不詳。

大西洋上某座孤島有兩座城，黑之城與白之城。黑之城位處山邊的高原上，白之城則在靠海的平原邊。

黑白兩城互為仇敵，每五十年就必須大戰一次，兩城所有居民都必須參與，黑白大戰至今已打了五次，沒有一次能分出勝負。

今年是戰爭年，全島皆忙於戰備。開戰之日選定在約戰日的一個月後，然而不同於以往，此次有個意外的插曲，十九歲的黑王子與十八歲的白公主在約戰場合一見鍾情，一點也逃不過命運。

英勇熱情，有著黑髮碧眼，年輕俊美的黑王子，從來對選妃意興闌珊。聰明冷靜，金髮藍眼，美貌令人驚豔的白公主，沒見過合意的求婚者。然而這兩個人，在見面的這一刻，都遇見了自己的靈魂伴侶。

約戰日隔天，黑王子前來「請示」全城最有智慧的大祭司。

「為什麼？」黑王子嘶吼道：「為什麼我們一定要與白之城的人為敵？」

「王子殿下，請冷靜啊！」大祭司回道，他看著黑王子長大，眼中露出憐憫跟憂心。

黑王子道：「我想知道真正的原因。」

大祭司道：「你的爺爺，就是在黑白大戰中死去。」

「這不是戰爭的起因，這只是戰爭惡果的再惡化。」

大祭司嘆了一口氣道：「黑白大戰的起因是防止毀滅。這個島被詛咒了，如果不每五十年彼此交戰的話，神就會懲罰這個島，降下飢荒、瘟疫、暴亂，讓全島的人滅亡。」

「就這樣？」

「就是這樣。」

「這只是愚蠢的傳說罷了。」王子露出不以為然的神色道。

「王子。你失言了。」大祭司的語氣轉為嚴厲：「照你這樣說，皇家身世也只是一個傳說罷了。」

王子意識到自己失言，回道：「對不起，祭司，我太激動了。我想請問神的詛咒是無法逆轉的嗎？」

「三百年前先知曉諭我們，注定的災難不可能避免。」

「可是三百年前的先知，他說的到底是不是真的，又有誰知道？」

「王子，注意你的態度。不過如果你這麼著急，也許可以問他。」大祭司回道。

「你說什麼？」

「先知還活著，長壽而且健康。」大祭司轉身抽出一塊石板，對王子道：「我只知道他住在附近的一個小島，地點位置就畫在這個石板上。先知的名字叫『馬爾薩斯』。」

王子興奮地捧著石板，如獲至寶。他派人送消息給公主，邀請公主一起去尋找先知。而且，他迫不及待想見到她，想確認公主是否也愛他。結果公主不但答應邀請，還成了領航者，白之城的人依海維生，白公主也是傑出的舵手。黑王子與白公主假裝重病不出，實際上卻一起偷偷出海。計畫十分的成功，因為整座島都為了黑白大戰而忙碌著。

這對天賜戀人度過了一段甜蜜而快樂的時光，在旅程中倆人都更加確定，彼此注定屬於對方。三天後，他們找到了小島，遇見了先知馬爾薩斯。馬爾薩斯看出兩人衣飾上的皇家徽記，請兩人進屋子談話。

黑王子急忙道：「先知，我有想請教您。」

「王子但說無妨。」馬爾薩斯已經不記得多久沒接觸過其他人，自然珍惜這難得的緣分。

「祭司說，島上每五十年一次的大戰，是為了避開毀滅性的詛咒，這到底是真是假？」

馬爾薩斯微笑回道：「這事既是真也是假。」

「這到底是怎麼一回事？」白公主也感興趣地主動問道。

「這不是寓言，而是『自然規律』。如果不依照這個週期發動戰爭，整個島都會走向末日，迎接毀滅。」馬爾薩斯回道。

「自然規律？」黑王子道。

「是的，就像日升日落一樣的自然規律。我走遍各地，看過無數城市與帝國的興衰。我從無數個起起落落的事件中，觀察到世界運作的自然規律。不同的神明，不同的地區，都一樣服從自然規律。」

「我們能了解這規律到底是怎麼一回事嗎？」白公主問道。

馬爾薩斯微笑道：「看你們這麼急切，這就開始吧！兩位都是統治者的後代，首先我要兩位想想，一個地方的人口數量，最後取決於此地的糧食生產量。

這是不是對的？」

「當然是對的。」白公主首先回答：「人必須進食才能生存，所以糧食上限自然就是人口上限。」公主說完，黑王子也點了點頭。

馬爾薩斯道：「當糧食產量增加，人口也往往隨之而增加。而人口增加之後的壓力，也會反過來刺激糧食產量增長。」

黑王子與白公主一起點了點頭。

「但是長遠來說，人口增長的速度一定比糧食增加幅度更快。」

「這點我不懂，為什麼這樣說？」白公主回問道：「兩者明明都是增加，為什麼人口增加一定比較快？」

馬爾薩斯回道：「那是因為糧食產量的增加，需要人的開發與生產，它會層層疊加，比方說 10 > 20 > 30 > 40 這樣直線式地增加。但人口增加卻是一種曲線，假設每個家庭都只有兩個孩子，第二代有四個人，第三代八個人，一開始雖然慢，增幅卻會越來越快以至於遠超過糧食的產量。」

「這我還是不懂。」黑王子道。

馬爾薩斯道：「我舉個例子好了。假設有一塊可以負擔一萬戶糧食的土地，一開始只有兩戶人家住在上面，每一代產生的後代都是前代的兩倍，一成為二，兩戶成為四戶、四戶的後代就是八戶。」

黑王子點頭道：「是的。」

「一開始糧食產量是絕對足夠的。我們甚至可以再假設每一代糧食產量都會因為生產技術進步增加一萬戶。第十代時糧食產量是十一萬戶。這時人口只會剛超過一千戶。再下一代會變成兩千戶，土地已可以養活十二萬戶。」

「是的。可是這樣看起來糧食還是非常足夠的。」

「然而再繼續發展下去，到第二十代，土地負載力已經來到二十一萬戶了。可是人口數量卻已經來到一百萬戶。」

「怎麼可能！」黑王子道。

「第 11 代 2000 人＞第 12 代 4000 人＞第 13 代 8000 人＞第 14 代 16000 人＞第 15 代 32000 人＞第 16 代 64000 人＞第 17 代 12 萬人＞第 18 代 25 萬人＞第 19 代 50 萬人＞第 20 代 100 萬人。」

在先知耐心地引導之下，兩人都理解了。

黑王子道：「我們可以規定所有人都必須去工作，賺取養活自己的食物，這樣不就解決問題了？」

馬爾薩斯回道：「你假定了自然的負載力無限，但土地耕作跟養殖生產都不是無限的，這點你們難道不清楚嗎？」

黑王子望向白公主，白公主對他點了點頭。

「即使土地負載力無限，每人生產的食物固定，但人口中總有些不工作的人。即使不工作的人口比例固定，隨著人口的增加，這些人也會越來越多，所以每個人可以分得的食物量就會漸漸降低。」

「所以世界的發展必然趨於毀滅？」

「對，除非週期性地減少人口，出現飢荒、瘟疫、暴亂甚至洪水大量減少人口，讓人口成長不至突破天際。而這個辦法就是黑白大戰。」

「一定有其他辦法的。」黑王子不放棄道：「暫時也好，至少減少戰爭的次數。」

先知看著這一對真摯的戀人，他們的愛情是認真的，想解決問題的心也是真誠的。自己活了這麼久，走遍世界各地，這樣的人是很難得的。他想給兩個年輕人一些希望。

「緩解辦法也不是沒有。」馬爾薩斯嘆道：「剛剛假定是在限制的環境之中，如果有額外的土地或領海的話……」

「就可以打破負載上限了。」白公主回道。

「謝謝你，先知。」黑王子激動地握著先知的手道。

「可是我們要去哪裡找新的土地跟領海呢？」白公主問道。

馬爾薩斯回道：「我從東邊來，那邊沒有多餘土地了。往西也許有意想不到的結果。」

黑王子跟白公主滿懷希望地向西航行，不久就發現了一個無人島。他們登島探勘，確認這是可以住人的全新島嶼。

「這一定是上天賜給我們的禮物。我們再也不用繼續交戰了，至少在還活著的時候。」黑王子興奮道。

「這一定是你的熱情感動了神。」白公主道。

「這一定是我們的愛情感動了神。」黑王子回道。

兩人在無人島上生活了數日，他們曾想留在這兒再也不要回去，但最後還是選擇回去。不過因為風向跟海流的關係，又讓他們耽擱了幾天。沒想到日子過得飛快，他們回到島上時，黑白大戰正激烈展開。

「不要再打了！」黑王子跳下船後拔出配劍，對著一群身穿黑色盔甲的士兵大喊，士兵認出王子，但並不明白他的意思。

「這是場沒有意義的戰爭。」他拉著白公主的手，擋在她的前方，全心全意地護著他的愛人，卻沒注意到腳下的異狀。

「小心！」

黑王子踩到了海灘亂石中白城士兵布置的陷阱。下一刻，機關射出的強力弩箭從斜後方穿透王子的盔甲與後背，黑王子看見箭頭自他的胸口透甲而出。

「我、不能……」黑王子想說些道別的話，口中湧出的卻是鮮紅的血。

白公主緊握著王子的手，沒有放開。

「替王子報仇！」士兵大喊。

黑色盔甲士兵蜂擁而上，將冰冷的刀刃送進了公主的身體。

這一天，黑白大戰依然沒有分出勝負。

「這就是自然的規律。」先知馬爾薩斯看著初升的太陽，迎接新的一天。

Cibala
老師碎碎念

本故事的主角是托馬斯・羅伯特・馬爾薩斯（The Reverend Thomas Robert Malthus, 1766.2.13–1834.12.23），英國經濟學家。

本故事是馬爾薩斯在《人口學原理》中著名的觀點，馬爾薩斯認為在沒有限制的狀況下，人口成長呈幾何級數（或等比數列，即：2，4，8，16，32，64等），而糧食生產呈算術級數成長（或等差數列，即：1，2，3，4，5，6等）。依此類推，糧食生產終究跟不上人口成長，因而導向大規模的混亂，甚至毀滅。

要控制人口大略有以下幾種方式：1.自然天災，如水災、瘟疫、旱災、森林大火。2.人禍，如戰爭或種族屠殺。3.以法令限制或替代生育

（包括殺嬰，殺害弱者，強制節育等），減緩人口增長速度。以上這些還需要在人類世界中「週期性」地發生，而非一次性地出現，才能有效。

然而終究是「減緩」，「毀滅」無法避免。馬爾薩斯的論點是種理性的「末世論」，人類的未來並不會越來越好，越來越進步，而是越來越接近全面的崩潰與毀滅。這跟十八世紀啟蒙時代的看法恰恰相反，頗有「物極必反」的味道，所以我將它置於十九世紀哲學的開頭，希望讀者能更直接去感受不同時代的思想氛圍。

哲學很有事，你也來試試

- ☆祭司對王子說戰爭是為了替他的祖父報仇，王子怎麼回答？
- ☆祭司說這黑白大戰最初的原因是什麼？
- ☆馬爾薩斯認為人口增長與糧食增加幅度相比是如何？
- ☆簡單重述這兩種增長不一致的關鍵原因。
- ☆馬爾薩斯認為怎麼做才能避免世界趨於毀滅？
- ☆你認為馬爾薩斯的論點有說服力嗎？為什麼？
- ☆你認為這個世界的未來，是趨於美好，還是趨於毀滅？

新拉納克的奇蹟

忘記你貧窮的日子吧！不過可別忘記它給你的教訓。

詩人　歌德

西元一八〇〇年，英國愛丁堡附近的新拉納克鎮。

英國的工業革命正蓬勃發展，手握資源與生產工具的資本家，取得了空前的優勢，財富與社會地位直線上揚。相反的，城市的工人，因為一切資源都已經被人占據，拒絕勞動就無法營生。偏偏此時資本家視降低成本為主要利潤來源，壓榨勞工成了他們眼中的理所當然，甚至是非做不可的事。

大部分工人一天得勞動十三個小時，工資卻只夠基本開銷。政府無法可管，工人也求助無門，工人與資本家的對立帶來了整個社會的緊張與痛苦，此時卻有一位英國資本家，想做一件不合時宜的傻事。

「我有一個夢想，想永遠地除掉『貧窮』。」羅伯特歐文的聲音忽大忽小，像充滿自信卻又侷促不安，他繼續道：「人類所有社會問題都來自於貧窮。貧窮讓弱者被壓迫，煽惑強者霸凌同胞，逼絕望者走上犯罪的道路。」

「我從沒聽過這種謬論。」大衛戴爾回道，他是歐文的岳父，新納拉克鎮的建立者。他繼續道：「今天倒是開了眼界。問題是你要從哪裡開始。」

「得從最根本處改變起。我認為友善的工作管理，舒適的生活環境，良好的教育，可以讓人洗心革面，清除邪惡與懶惰，變成善良勤奮的人。」歐文說這段話時眼神格外清澈。

歐文花了很長的時間，才說服所有投資人支持實驗計畫。他又花了更長的時間溝通了解各項細節，思考規劃新世界的布局。他很清楚，在人類社會生活中，任何一個環節的輕忽都可能改變全盤局勢。所以歐文不願放棄任何一個細節地研究，讓整個計畫完美。

終於到了這天，歐文找來三名工頭，在工廠端開始執行計畫。

「我想與各位談一個新計畫，目標是帶領各位脫離貧窮。」歐文對工頭們道。

「你想把財產分給我們？」工頭A回道。

「我並不會分財產給各位，但我想要你們為自己工作，而不是為錢工作。」

「為自己工作？那到底是什麼意思？」工頭B回道。

「意思是你們實際領的薪水會比過去更少。但我會用這些錢來改善環境，幫各位脫離貧窮。」

「減少我們的工資還要帶領我們脫離貧窮？」工頭C回道：「你是在說笑話吧？」

「不是，你們實際得到的保證更多。我會提供基本的衣食照護，健康舒適的生活環境。我會改善工廠管理，讓你們不再因工作疲勞不堪。我會免費提供孩子的教育，照顧他們的衣食。你們的個人財產不會增加，但所有人共有的財富卻會翻倍。眾人互相照應，共建美好的社會。」

「你到底在說什麼？」工頭B回道。

「就是字面上的意思，句句屬實。我已經規劃了很久，不管各位最後的決定是什麼，我都會繼續。」

工頭A道：「你是騙子？還是瘋子？」

「我不是騙子，所以答案很明顯。我是帶領各位一起建立美好世界的瘋子。」

儘管不是所有人都能接受，但在新拉納克鎮上，羅伯特歐文的理想實驗開始了。他從生活環境、工廠管理以及教育三方面著手，帶給工人前所未有的世界。

在生活環境方面，所有的工人住在相同款式的宿舍，雖然不大，但通風良好，生活機能俱全。歐文創辦了勞工食堂與勞工合作社，向附近城鎮大量採買用品，再低價賣給工人。後來甚至蓋了一間工人專用的醫院。

在工廠管理上，歐文把上班時間從十三小時降到十小時，一八一七年後更降為八小時。他取消懲罰制度，增加工人自律管理，他獎勵工人創意發明，撫卹傷者。他解僱童工，讓孩子免費去學校上課。因為工作環境的改善，工作變得輕鬆而有效率。

歐文還在鎮中建立了一所學校，免費為二到十四歲的孩子提供教育。他花了不少心力在尋找師資這件事上，新老師們勤奮又有耐心，照顧孩童的健康，培養他們仁慈與勤勉的性情。除了孩童之外，歐文也用教育來提升成人的精神品質。學校讓成年男性學習新的手工藝，讓女性學習園藝或育兒的知識。

生活在歐文社區中的人，生活用品是私有的，但生產工具、學校跟土地則是公有的，屬於每一個人。工業革命流行的貧窮與犯罪都與新拉納克無緣。這個地方沒有流浪漢，也沒有強盜小偷，人們公有、共用、共享整個城鎮，相互合作照顧，即使沒有頂級的富裕，每個家庭都自足安康。人們都把這個地方稱為「新拉納克的奇蹟」。

不過隨著歐文的成功，伴隨而來的不是模仿與學習，而是更多的抵制與攻擊。提高工人收入的想法直接牴觸了資本家的利益，有錢有勢者把這場實驗視為瘟疫，歐文受到越來越多檯面上、下的攻擊，最終使他放棄此地。

「我成功了，也失敗了。」歐文自嘲道：「但肯定的是我停不下來了。」

「那你下一步打算怎麼做？」戴爾問道。

「我要做更多的實驗，把這樣的理念帶到更多的地方去。」歐文回道：「人們並不反對新拉納克的智慧，他們只是需要更多的證據來提起勇氣罷了。」

「你打算去哪裡做實驗？」

「美國。一個有著廣大土地，以及無限夢想的地方。」

一八一七年，歐文在倫敦的沙龍演講。

「『新拉納克的奇蹟』想告訴各位的是成千上萬的英國同胞們在貧困中的痛苦與掙扎，是完全不必要的。我們可以從教育、工作管理以及生活環境的改善開始，透過團結與共享，建立均富的理想社會。沒有金錢的攪擾，也沒有犯罪。」

「我想改變國家，甚至是整個世界。這種想法跟當政者的目標也完全一致，因為如果國家裡有一大群人民過著無所事事的貧困生活，甚至進行犯罪的破壞活動，這個國家就永遠不能富強。」

「這個計畫必能為國家帶來不可限量的生產力與財富。這個計畫必能消除貧困與犯罪，為你們和你們的子女與子孫萬代提供幸福。公有均富的社會能帶來世界上從未有過的幸福，遠超過你們任何所能想像。」

然而，當時的英國終究容不下歐文。幾年後，歐文在美國買下大量的土地，建立了兩個社區，不過，這次實驗並不成功。散盡家產的歐文返國後繼續投入工人運動，直到一八五八年死去。

Cibala 老師碎碎念

羅伯特・歐文（Robert Owen, 1771.5.14–1858.11.17），英國烏托邦社會主義者與合作社制度概念的倡導者，同時也是一位企業家、慈善家。

歐文出身貧寒，當過學徒、店長，後來成為了非常成功的企業人士。然而，他並不以此為滿，他在一八〇〇年開始在愛丁堡附近的新拉納克，開始自己的烏托邦實驗。他在自己的工廠中主動縮短工人的勞動時間，改善福利條件，提高工資。他開設托兒所、幼兒園和小學，還為從事生產的少年與成人建立了夜校。

一八二四年歐文在美國印第安納州買下一千兩百二十四公頃的土地，開始新和諧移民區實驗，但實驗以失敗告終。歐文晚年依舊不斷投身於爭取工人權利的運動，他最著名的著作為《新社會觀》、《新道德世界書》。英式共產思想一直是歐文主義，而非德式的馬克思主義。

歐文對教育的注重也是大家景仰他的原因，幼兒園及夜校的設計都來自於他。對他而言，教育不只是促使社會更平等的手段，也是讓所有人能了解世界，追尋個人幸福的道路。在現代這個資本主義當道，大家卻又羨慕福利國家的二十一世紀，歐文的經驗與想法，正是值得我們深思的。

哲學很有事，你也來試試

☆歐文的夢想是什麼？

☆歐文改變新拉納克的第一個方面是什麼？舉一個改變的例子。

☆歐文改變新拉納克的第二個方面是什麼？舉一個改變的例子。

☆歐文改變新拉納克的第三個方面是什麼？舉一個改變的例子。

☆歐文在英國實驗失敗的原因是什麼？

☆你覺得共產社會真的有可能實現跟運作嗎？為什麼？

黑格爾的課

羅馬不是一天造成的。

西方諺語

一八二〇年，柏林大學。

在一八一〇年建成的柏林大學，是近代第一所以純知識的追求為目的的新制大學，在這座大學中聚集了各式各樣，誠心追求真理的學者。

上午，黑格爾的課堂坐滿了聽眾，卻靜得鴉雀無聲。

黑格爾個子不高，相貌平凡，雙眼卻炯炯有神，而且不斷透出一種洞徹事理的力量。他的課內容晦澀難懂，卻反而有種難以言喻的魅力，吸引著渴望真理的心靈。

「羅馬總督彼拉多曾問人子耶穌，什麼是真理，耶穌沒有回答。」黑格爾說道：「沒有人認為耶穌不知道答案，但為什麼祂不回答呢？」

眾人目光都集中在黑格爾身上，氣氛凝重。突然，下課的響鈴聲劃破了這凝結的一刻。

「好了，我們下一堂課再來說。」

「老師可以先透露一些嗎？」學生A問道。

黑格爾回道：「請耐心等候，真理必如救恩般降臨給所有人。」

一周時間很快就過去，黑格爾的課堂再度爆滿。

「上周提到耶穌不回答彼拉多提的問題，我刻意留了一周的時間讓各位思考，有人知道答案了嗎？」

大家面面相覷，沒有人回答。

「因為就算說了彼拉多也聽不懂嗎？」學生B道。

「算答對了，但為什麼彼拉多會聽不懂呢？」

學生們猜測著，但答案連他們自己也難滿意，沒有人能好好回答。

時機成熟，黑格爾望著遠方總結道：「答案只有兩個字：歷史。」

「歷史？」學生C不經意地重複，彷彿從沒想過會聽見這個答案。

「是的，歷史，或者說歷史性精神。因為彼拉多無法站在歷史的角度思考。

因為那個時代對歷史的深度還沒有意識，也因為他正準備金盆洗手，切斷與歷史的連結。總而言之，耶穌的『不答』是歷史的一部分，而『歷史本身』就是一切的答案。」

「老師，我還是無法理解『真理』與『歷史』有什麼關係。」學生D道。

「說到『真理』，大家也許會想到『正確』的判斷，『真實』的判斷。當還沒有意識到歷史性精神以前，這也許是唯一的可能。然若從歷史的角度思考，即使再正確的判斷依舊只是時間的產物罷了。」

「老師，還是不懂。」學生E道。

黑格爾雖然一直在聽，但是他並不習慣直接與學生對話，而是參考對方意見後繼續自顧自地說下去。他道：「舉個例子給各位聽。有位國王想滿足某一位從沒見過大象的盲人的好奇，準備了大象讓盲人摸看看。盲人首先摸到象鼻，認為大象像條長蛇。接著摸到象耳，便說大象像把大扇子。接著摸著象腿，改口大象是一根根粗壯的柱子。最後摸著大象的肚子，終於有了結論，大象厚實如一堵牆。你們覺得這個盲人的判斷對嗎？」

「當然不對。」學生F道。

「不只不對，還很愚蠢。」學生G道。

「那這個盲人一開始的，中間的，還有最後的想法當中，到底哪一個是對的，或哪一個是不對的？」黑格爾回道。

「這些判斷沒有一個是對的。」學生H道。

「但也可以說這些判斷沒有一個是不對的。」學生I道。

「將這些判斷全部合在一起才是對的。」學生J道。

「是的，我完全贊同。對認識大象來說如此，對認識真理而言又何嘗不是？對人而言，真理要比大象複雜巨大千百倍。人類對各種想法的意見，在歷史中往往一變再變，前後意見不一，彼此都認為對方錯，自己才對。可是從歷史性精神的角度看來，不需要爭論，反而應該將爭論雙方總合起來，才能拼湊出完整的真實。」

黑格爾的例子淺顯，學生們開始意識到「歷史的角度」或「歷史性精神」，紛紛覺得有理。

「所以爭論不總是一對一錯，對嗎？」學生K道。

「是的。若某處有根圓柱，有個人站在圓柱的側邊，認為這是個長方形之物。另一個人站在柱子正上方，往正下看則是一個圓形之物。這兩人都堅持自己是從觀察做出合理的判斷，為此物的形狀爭論不休，你們認為這是明智的嗎？」

「這也是非常愚蠢的。」學生L道。

「是的。這些人沒注意人類的判斷有其出發點，也因之而有限。爭論一時對錯，反而妨礙了認識全體。歷史性精神是對思想形成的過程有所意識，而不是只從某個時代的觀點，探求當時的答案。『真理』是在歷史中一步步發展出來的，它是歷史的產物，在歷史中被認識，在歷史中開啟下一個時代。彼拉多以為『真理』可以在這一刻隨意問答，本身就是對歷史性精神的輕忽。」

「我以為歷史只是過去事件的累積。」學生M道。

「歷史更是精神的累積。除非視至今為止的『文明』為浮光掠影，否則人不難發現主宰歷史發展的是思想、是理性。凡存在的，皆是合理的。凡合理的，也就是存在的。精神發展甚至還有固定的結構。」

「固定的結構？」學生N道。

「是的，精神發展常呈現出正、反、合的辯證結構。思想由一正題，過渡到對立的想法，然後透過兩方之對立，產生更全面綜合的想法。古希臘哲學討論構成萬物的材質，泰利斯認為是有形的水，這是『正』。安那克西曼德認為是無形的無限，這是對前者的『反』。畢達哥拉斯認為人是有形身體與無形靈魂結合，這是『合』。『合』對過去而言是綜合，對未來又是某種『正』。精神循著如此的規律發展下去。」

「可以再舉一個例子嗎？」學生O道。

「人類社會在一開始為了維持秩序，強調絕對服從，這是『正』。但人們開始意識到絕對服從是被壓迫，要求從被壓迫中解放，要求絕對的自由，這是『反』。然而，絕對自由雖然沒有壓迫，卻帶來了極端的混亂，人們又意識到，人們需要在規則下的自由，這是『合』。」黑格爾知識淵博，又再舉了些例子解說，理解。

學生P道：「所以精神就依照辯證的規律，無止境地發展下去？還是有什麼目的或結局嗎？」

「當然有。這目的就是對自身完全的理解。精神不斷形成理解世界的概念，不斷地對立與區分，但只有了解自己是如何形成思想，了解整個過程，才是真正的知識。真理是全體，米涅瓦的貓頭鷹只會在黃昏起飛，智慧要等到結局才會完全展現。了解整個歷史的發展，才能了解真理，這是精神發展的目標，也是這堂課最後送給各位的話。」

黑格爾在下課後快速地離去，彷彿精神已經發展完成了似的。

Cibala
老師碎碎念

本故事介紹的哲學家是黑格爾(Georg Wilhelm Friedrich Hegel, 1770.8.27–1831.11.14)，德國唯心論時期的重要哲學家。黑格爾在哲學上的影響力極為深遠，幾乎影響了整個十九到二十世紀的哲學。雖然極大部分是站在一種反對的觀點批評黑格爾，但這也說明了他在傳統哲學中至高無上的地位。

黑格爾的著作豐富，除了著作繁多之外還有大量的筆記與手稿。黑格爾作品的內容博學，但也艱澀難懂。當代的哲學通常把黑格爾視為一個狂熱的形上學家，甚至是一個神學家，因為黑格爾自己也不只一次地說「哲學」根本是「理性神學」。

然而黑格爾那種側重歷史的觀點卻是極富啟發性的，他看到了時代的侷限性，分析了歷史的發展，延伸了思考問題的角度，這也是我們不得不談談他的哲學的原因。

哲學很有事，你也來試試

☆黑格爾如何解釋為什麼說了彼拉多也聽不懂呢？

☆在黑格爾舉的大象的例子中，到底哪一個時刻摸到的才是真正的大象呢？

☆黑格爾認為真正的真理在哪兒呢？

☆黑格爾認為歷史是什麼的累積？

☆黑格爾認為精神發展常見的結構為何？

☆黑格爾認為精神發展最後的目標是什麼？

法蘭西帝國的皇帝

不是我們創造歷史，而是歷史造就了我們。

一九六四年諾貝爾和平獎得主　馬丁·路德·金

一八一〇年，法蘭西帝國凡爾賽宮，皇帝寢室。

第五次反法同盟被擊敗以後，法蘭西帝國在皇帝拿破崙的帶領下幾乎征服了整個歐洲。拿破崙是法蘭西帝國皇帝，同時也統治著義大利王國、萊茵聯邦、瑞士邦聯、華沙大公國。另外，他也是奧地利公主的新婚丈夫。

「很多人認為拿破崙正在創造歷史，不過事實上，是歷史造就了拿破崙。」

剛起床的拿破崙突然有了靈感，今天他要對法國高階軍官們演講，拿破崙是天生的演說家，他不需任何人代他寫稿，因為其他人寫的永遠比不上他。他會在演講前對自己試講一次，整理思緒後便直接上場。

他身邊的僕人也很清楚這一點，當皇帝開始望著遠方，專注思考，自言自語的時候，就是皇帝正在準備講稿了。拿破崙常一邊穿衣打扮，或邊吩咐任務邊思考。皇帝的能力太強，使得他想直接管理的人與事無限地增多，時間根本就不夠用。

拿破崙的貼身管家趕緊攜了張毯子，輕輕披在皇帝的身上，並亦步亦趨地跟著。拿破崙走向洗臉台，一旁的僕人早就準備好溫度適中的溫水一盆，熱水一盆，冷水一盆，放在大理石的梳洗台前。

「我並不是刻意謙虛，或想讓別人來恭維奉承，而只是陳述事實。凡存在的，都是合理的。」拿破崙用自信的聲音道。

「所有的一切都是有理由的。」

拿破崙接著在冷水盆前，捧了水輕潑在自己臉上，清涼的水迅速地驅趕他身上殘存的睡意。

「當然，這裡所講的『理由』或『合理』背後的理性，不是指一個人獨居在山中，沉思著世界的那種理性。」

接著換熱水銀盆，熱水讓雙手的血液循環帶動全身。

「也不是某些城市裡的蛋頭學者，以為稍稍反省就能得出深刻的道理，因著一點點理性的小甜頭，便以為發現了最終的真理，發現了整個世界。」

最後是溫水盆，他往臉上潑了兩下水，向後直接坐在僕人前一秒才搬來的沙發上。兩位侍女上前用海綿沾著精油香皂輕抹歐洲皇帝英俊的臉龐，再幫他用沾水海綿擦乾。最後，一旁的管家奉上溫熱的濕毛巾與乾毛巾，讓皇帝選用。

「我所謂『理性』不是個人理性，而是人類整體精神的理性。世界上有許多不同的人，不同的人為了一起生活，必須運用思考。透過溝通與理解，人與人的思考慢慢匯集在一起，交會出一個大的、被眾人理解接受的發展方向。這就是整體精神的理性。」

拿破崙起身站直，雙手平伸，兩位僕人幫他脫下睡衣。管家拿著大扇子在一旁輕揮，用流動的新鮮空氣幫皇帝提神醒腦。

「這理性不只是科學或文學，而是所有人運用語言、思考、文學、法律、宗教，甚至文化所創造的一切，一切具有意義的事物。理性使得世界中出現所有的一切，都有節奏、有意義、有理由。」

僕人用最快的速度，唯恐一秒怠慢就會讓拿破崙著涼一般，幫皇帝穿上全歐洲最好的絲綢襯衣。不過在過程中或許是因為緊張，或許是歷史注定，僕人拿著拿破崙的睡衣退場時不小心讓睡衣掉在地上。

皇帝看著這一幕，不但沒有生氣，反而像得到靈感一般開始道：「也許有人會回應，人類歷史中總有些偶然的因子，脫序的、暴亂的、意外的隨機因子，沖散了前進的隊伍，攪亂了演奏的樂章。甚至有人認為雜亂無章的世道才是歷史常態，然而這些都是悲觀的，犬儒式的，不明事理的說法。」

拿破崙邊說邊向前走，兩名僕人蹲跪在前方，迅速幫他穿上軍褲。拿破崙雙手張開平伸，僕人趕忙幫他穿上軍裝的白色上衣，兩邊動作幾乎一氣呵成。

「綜觀全局，偶然因子的影響力終不長久。思想讓人能因改正錯誤而進步，這是毫無疑問的真理。長久下來，人類會越來越理性與進步。看起來是個人在寫歷史，實際上推著歷史前進的卻是理性本身，透過理性，現在的我們跟過去、未來相連在一起。」

僕人幫皇帝穿上拿破崙軍裝中最顯眼的，酒紅底色金色排釦外套，這是拿破崙親自設計的樣式。僕人仔細的幫拿破崙扣好一排排的金釦子，拉直立領。這外套能讓任何普通人看起來像是菁英的軍人，更何況現在穿著它的更是菁英中的菁英——皇帝拿破崙。

「所以理性揀選了我，揀選了法蘭西。我們要建立強盛的國家，用國家去解放人民。我們每一個人都是有限的，就個體層面是如此，但就加入國家，加入神聖的法蘭西帝國而言，每個人卻參與在國家，這個無限、而且不斷延伸的神聖之中。把有限的生命投入無限的國家之中是無私的，也是理智的。」

僕人再度搬來整張沙發，拿破崙向後坐下，雙腳離地，僕人立刻從一旁為他套上長筒軍襪，以及黑色亮面的長筒軍靴。

「全體先於個人，國家先於個人，國家是個人精神唯一能圓滿實現自己的場所，個體的存在是為了國家。歷史造就了拿破崙，不是為了拿破崙，而是為了我們。當每一個你加入法蘭西神聖帝國的行列，個人生命被超越了，你們成為拿破崙的一部分，成為法蘭西帝國的一部分，而且是永遠不可或缺的一部分。」

後面的僕人拿出一面大鏡子，一邊幫拿破崙梳頭，一邊讓拿破崙看見自己的頭髮。當他從沙發上起身的同時，僕人替他的雙手戴上白色的手套。

「長遠來看，法蘭西帝國也是世界歷史的一部分，世界的發展也是理性的，理性才是真正的世界領袖。相對於其他未開化的國家，法蘭西帝國已經被揀選成為覺醒者，勢必要興起解放整個世界。而各位，每一個有限的個體，也透過加入帝國，肩負了解放全世界的神聖責任。」

最後一道手續是三位僕人幫拿破崙掛好徽章與飾品，繫好皮帶與配劍。所有動作的力道都恰到好處，法蘭西的皇帝終於整裝完畢。

「歷史造就了拿破崙。歷史造就了我們每一個人，成為全體中不可或缺的一部分，讓我們承受這不可逃避的神聖任務吧！」

拿破崙的演講十分成功，法蘭西軍民都為了自己的皇帝瘋狂獻身參戰。然而同時，拿破崙的統治也帶來了民族主義的火焰，反法同盟不斷，終於，法蘭西帝國皇帝在一八一四年與一八一五年被歐洲聯軍敗於萊比錫與滑鐵盧，法蘭西第一帝國也因此告終。拿破崙在戰後被流放至聖赫倫那島，在一八二一年因病去世。

Cibala老師碎碎念

本故事的主角雖然是拿破崙，但背後真正發聲的依舊是前面所提過的德國哲學家黑格爾。本故事偏重黑格爾對歷史與國家的看法，並且強化黑格爾對個人與國家關係之間的主張。

黑格爾視歷史為一種具有方向性而理性的發展。理性能透過發展而進步，黑格爾對歷史抱持樂觀的態度，認為精神必將對「一切」（包括自己）完全的認識。

黑格爾也代表一種視全體為優先的視角，他認為個人精神的全部意義都在國家中實現，國家造就了個人，個人的存在也是為了造就國家，這種特殊的視角，正是本篇故事想呈現出的觀念。

哲學很有事，你也來試試

☆拿破崙說很多人認為拿破崙在創造歷史，但事實上卻是怎麼一回事？

☆拿破崙所謂「理性」指的是什麼？

☆拿破崙認為歷史偶然出現的意外因子，對歷史會有什麼影響？

☆拿破崙認為國家與個人之間的關係是什麼？

☆對世界而言，法蘭西的角色又是什麼？

☆你覺得個人與全體的關係，何者優先？

☆你覺得「愛國」是一個人必不可少的要素嗎？

叔本華的課

諸行無常；是生滅法；生滅滅己，寂滅為樂。

《涅槃經》

一八二〇年，柏林大學。

一八一〇年成立的柏林大學，是近代第一所以追求純知識為目標的新制大學，在這座大學中聚集了各式各樣追求真理的學者。

上課鈴響，叔本華的課堂上，只有一男一女兩位學生。課堂瀰漫著尷尬的氣氛。

叔本華開課的時間刻意與黑格爾衝突，教室也在隔壁。黑格爾的哲學課是柏林大學的招牌，學生無不趨之若鶩，因而眼前慘澹的情況不讓人意外。

雖早知如此，叔本華仍對結果不滿。「預期」失敗與「目睹」失敗的距離讓他渾身不舒服。憤怒如獅子般撕咬著他僅存的理性，叔本華在擦黑板時不慎讓板擦跌落，這小意外無疑是壓垮駱駝的最後一根稻草，讓他理智斷線，老師邊咆哮邊把地板上的板擦踢出了教室。

男學生嚇壞了，利用叔本華轉身的空檔溜了出去，台下便只剩下女學生。

「開始上課。」叔本華用嚴肅的語調說，畢竟當一天和尚，撞一天鐘。「這是堂哲學課，哲學是智慧的開端。」叔本華道：「這位同學，妳上過哲學課程嗎？」

「曾修過古希臘的哲學史。」

「很好的課程。」叔本華開始調整對話的語調，他想也許用輕鬆的對話來上課效果會更好。

「既然修過哲學史，妳能說明古希臘哲學最基本的精神嗎？」其實叔本華的問題有點模糊，卻感覺要求對方說出標準答案似的。叔本華出口後才發現問的不好，不過後悔也來不及了。

年輕的女學生叫蘇菲亞，綠色的眼睛，蜜糖色的頭髮，相當漂亮。她甩了甩頭髮，用叔本華難以置信的準確度說出答案。

「我記得不多，或許是『認識你自己』吧。」蘇菲亞答道。「這句話最有印象。」

「認識你自己」是阿波羅神廟三箴言之一。相傳有人問泰利斯什麼問題最困難的時後，泰利斯的答案就是這一個。女學生一句話就說出他傾畢生之力思考的問題，讓叔本華心中極度讚賞。或許，只有一個學生也不見得是壞事。

「好答案！」叔本華讚嘆道。「理由呢？」

「總覺得認識自己與認識事物不太一樣。」蘇菲亞回道：「細節說不上來，但感覺是兩回事。」

「妳叫什麼名字？」叔本華這時候才想到。

「蘇菲亞。」

「蘇菲亞，妳是個擅於思考的孩子。」叔本華想到隔壁黑格爾的教室，又語帶酸味地說：「又不盲從流行。」

一來一往之間，他改變了心意。他今天不打算照章上課，他打算把自己在哲學上最重要的發現，分享給唯一的學生。

「是的，古希臘哲學最重要的精神就是『認識你自己』。每個人都追逐眼前的事物，卻鮮少有機會認識自己。只有透過最深的哲學反省，才能發現自己的真貌。不過在進入討論之前，不得不先提哲學家康德。」

女學生搖搖頭，表示不認識。

叔本華深吸一口氣後道：「康德認為人類知識是由人的理性對知覺加工而來，所以加工背後事物的原貌，包括我們自己真實的樣子，都『不』在知識的範圍內，無法透過一般方法認識。對認識自己問題的複雜度而言，這是很正確的，可是康德卻因為謙虛保守的理由，在自我探索的路上停了下來。今日主題就是自我探索的冒險。雖然並不容易，但只要兼具大膽與小心，抽絲剝繭，批判反省，我們必定能減少自身偏見，慢慢接近真實。先從簡單的例子開始吧！」

「什麼例子？」

「當我們觀察自然世界時，發現自然到處充滿了『力』或者『趨力』。物與物之間的重力維持著天體的運作，讓我們停留於地面，磁力吸引著金屬，太陽光的熱力加溫地表一切，風力推動風車。『力』是自然科學研究的對象，在不同分科中由不同的專門科學研究著，以定律的方式精密呈現。但它們都透露出自然規律本質上是一種趨力，一種改變事物或推動事物的力量，無時無刻不在世界各處運作。」

「是的。」

「趨力概念可說再普遍不過了，甚至非科學領域也不可或缺。在生活中，我們想了解他人，想明白別人行動的動機，想知道別人會如何反應某些事，想弄明白的也是人背後的趨力。趨力不只用來理解物，也可以用來理解人，甚至我們自己，當我們說明自己的動機、習慣或者價值觀，當我們歸納別人的個性與價值觀時，種種解釋假設的都是人類的行動背後是某種趨力。」

「似乎是如此。」蘇菲亞點了點頭，專心聽著。

「我喜歡稱這些無處不在的趨力為『意志』，我所謂『意志』不是人在選擇時的自由意志，而是指世界背後的『各種趨力』。思考讓我們發現了『意志』，但如果真想解釋意志，妳會發現除了用同義詞解釋之外，什麼辦法也沒有。『意志』是這個世界與我們身上，最普遍、最基本之物，我們用它解釋一切卻不需要解釋它。科學定律不斷改變，人們行動的原因不斷改變，但對於世界變化背後存在著意志這點，倒是越來越深信不疑了。」

「我還是不太懂什麼是人身上的意志。」

「讓我舉個例子吧！生活中每個人都曾有過無法滿足的經歷，若非得不到，就是追求到了之後發現根本無法滿足自己，轉而追求其他事物。妳或許還年輕，但想想妳的生命過程，一定有這樣的經歷。」

「好像真的有耶！我曾經很想進這間大學，以此為目標努力著。但等到考上的那一天，好像也沒多開心。」

「是的，這就是意志的展現。人常在接近目標時倍感幸福，卻在尋到目標時轉為空虛。當不了解思想的背後其實是意志，便以為世界上萬物皆無法滿足人心，殊不知那正是因為人心本來就是一股永遠無法滿足的意志。」

「所以我們的生命也被意志給主宰著？」

「是的。生命只是戴著面具的意志，面具騙了別人，也騙了自己。從常識的角度看世界，你所見到的是裝扮好的表象世界。表象世界充滿各色事物，看來熱鬧豐富，每個人都是能做決定的主宰，掌控著自己的命運，但這些都只是裝扮。真正的意志世界是盲目的、無意義的、決定一切的，而這才是生命的真相。」

接著叔本華更仔細的解說意志的世界，聽著說明的蘇菲亞彷彿見到了表象世界的真實面。那是一個各種不同的趨力相互拉扯傾軋的世界。因為這些力不為什麼，只是因為自身是為運動而運動，毫無目的的運動。在看似豐富，看似理性的表象之下，只存在著赤裸裸的意志，無聲無息地操縱決定著一切。

「所以，生命僅僅是盲目意志的展現。意志比頭腦更為聰明，思考只不過是意志的工具罷了。」

「好可怕。」蘇菲亞回道，「我沒辦法想像比這更可怕的世界。」

叔本華微笑道：「然而現實生活中有個機會，可以讓人逃開，雖然是暫時，逃開意志的控制。」

「真有這樣的機會？」蘇菲亞瞪大了眼睛。「那是什麼？」

「那就是『藝術』。藝術能讓人脫離現實，全心投入欣賞之中。意志來自於過去，不斷渴求未來，藝術卻能讓人沉醉於『當下』。想想當你在欣賞藝術作品時，比方說聆聽優美的音樂時，是否曾有沉醉於樂曲之中，彷彿忘記了一切的感覺？」

蘇菲亞回想起小時候聽小提琴演奏的經驗，隨著音樂家手中悠揚的樂聲，彷彿進入到另一個世界之中，忘記一切自身憂煩，讓片刻不停的靈魂安歇。

「蘇菲亞同學。」蘇菲亞聽見叔本華的聲音，才回過神來。

「妳還好嗎？」

「我？我還好。」

「其實藝術作品本身也是意志的展現，當投身於其中的時候，我們得以暫時離開主宰我們自身的意志。藝術是精神發展的巔峰。」當叔本華談到這裡，下課的鈴聲突然響了，這對師生已經度過整整兩節課的思考時光。

「老師！我下一堂還有課。」蘇菲亞對老師點頭道。

「去吧！我們下周見。」

叔本華的課後來沒能開成功，如日中天的黑格爾吸引了所有人的目光。叔本華在學術上的地位，一直要到晚年才受重視，翻身成為當時最重要的思想家。一八六〇年，他因肺炎而去世，享壽七十二歲。

Cibala 老師碎碎念

十九世紀的哲學思想家叔本華（Arthur Schopenhauer, 1788.2.22–1860.9.21），他一反啟蒙時代以來對理性思考的信任，走到另一個極端，認為世界的動力是盲目的意志。也對人類進步的樂觀思潮不看好，可以說是反理性進步主義的代表。

叔本華類似佛教或印度教的世界觀，將世界看成是由無明意志所支撐操縱，任何人或任何事物的努力都無法違抗這些事物背後的趨力。叔本華或許是從對性欲的認識與反省中意識到這一點，人類常常被性欲主宰思考與行為卻完全不自知。作為佛洛伊德的先驅，他可以說預先看到了欲望在世界中所扮演真正的重要性。

故事中有一個不合時宜處是這個時代女性應該無法接受大學教育，叔本華本身亦對女性懷有敵意。叔本華終身獨居，死後將財產全數捐贈予慈善事業。他性格古怪，對人苛薄，對動物卻很有愛心。他在遺言中提到希望愛好他哲學的人，能不偏不倚，獨立地理解他的哲學。

哲學很有事，你也來試試

- 叔本華的課程沒有什麼人的原因是？
- 蘇菲亞對古希臘哲學的印象最深刻的一句話是？
- 叔本華認為真正支配世界運作的是什麼？
- 叔本華所謂「意志」指的是什麼？
- 叔本華認為唯一能從意志中解脫的方式是什麼？
- 你認同叔本華這種對世界的解釋方式嗎？為什麼？

小明

人的崇高源自於意識到自己的痛苦。

法國數學家　巴斯卡

二〇一八年，台北。

小明從床上痛苦地爬起來，開始一天行程。

小明不只覺得生活很痛苦，他更強烈的感覺到，生命本身「就是」痛苦。從有意識開始他就這樣認為，在自己每天的生活中印證，從來沒有出過差錯。

他曾跟周圍的人分享過這樣的想法，不過這次分享對他來說也是痛苦的經驗。小學五年級時老師在課堂上問了大家一個問題，大家覺得人生充滿了什麼？

「充滿了朋友。」一位女生舉手答道。

「很好！還有呢？」

「希望。」班長舉手後這樣回答，他的確是個樂觀積極的孩子。

「太好了！還有別的嗎？」

「感謝。」另一位同學也答道。

聽到這些答案的小明，努力壓抑自己的不滿。他認為根本不是這樣，他祈禱老師不要，千萬不要叫到他。也許他會忍不住，把自己真實的想法說出來。

「還好老師不是用點名的。」小明對自己道。

「小明。」老師笑咪咪地看著他道：「我覺得你好像有話要講，想跟大家說說嗎？」

「一點都不想。」小明心想。他拖著痛苦的身體站起來，以一個自己從來都不熟悉的聲調大聲說話：「人生充滿了痛苦，人生根本就是痛苦。」

面對這個毫不協調的答案，老師跟同學都驚呆了。沒有人知道該怎麼往下接。

小明道：「如果你聽不懂，我就解釋給你聽好了。任何人類生命都不可能擺脫欲望，欲望就是一種不滿足的痛苦，想要食物產生了飢餓的痛苦、想喝水產生了乾渴的痛苦、圖安逸產生了勞累的痛苦、好色產生了跟感情或性相關的苦。總而言之，人的欲望產生了痛苦，或者說欲望根本就是痛苦，痛苦填充出整個人生。」

小明說完這一段，全班同學更是目不轉睛地瞪著他。

「你這樣說太悲觀了吧？人生總有些快樂的事情吧？」老師勉強回道。

「是有一些，偶爾。然而人們卻從未真正擺脫痛苦，痛苦是從生命本身產生的，快樂只是痛苦的缺乏。我們只能暫時找點樂子轉移注意，暫時滿足欲望，緩解痛苦，然後投身於更多煩惱的明天。」

「如果有快樂，也有痛苦，那麼痛苦跟快樂應該相等才對。」老師開始思考，回應小明的話。

這問題小明早想過了，他冷靜地回道：「第一眼看來也許如此，但仔細分析就會發現痛苦比快樂強烈的多，快樂通常是短暫的，甚至是空虛的。痛苦卻是強烈的，實實在在的。我舉個例子，如果，一隻獅子啃食一隻小羊，獅子此時是滿足的，快樂的，小羊此時卻是痛苦的，對嗎？」

全班同學包含老師都點點頭。

「那你們會覺得，獅子進食的快樂，跟小羊被啃食產生的痛苦，是等量的嗎？」

「不。我覺得小羊的痛可怕的多。」班長第一時間回道。

「這就是了。這正說明，痛苦是強烈的，實在的。快樂或滿足跟痛苦相比根本微不足道。再舉個例子，如果今天你全身是舒適的，沒有病痛的，但是你的腳趾頭在痛，你的意識會集中在哪件事上？」

「會集中在腳趾痛這件事情上。」一位女同學道。

「是的，即使全身舒適，只要腳趾痛，我們就會專注於腳趾。苦與樂的不平衡是因為人的意識就是為了感受痛苦而存在的。」

「小明。」老師的語氣轉為生氣。「你不要再說了，下課到我的辦公室來。」

小明一戰成名，學校輔導室請他的母親到學校來，並請輔導老師協助，討論該怎麼幫助小明。

「老師，你要相信我，我們是好人家，從來不會打罵孩子。」小明媽臉上滿是擔憂與悲傷。她不知所措，又過分擔心，好像自己的孩子在一夜之間變成了怪物。她已經重複了這個說法不下十遍。

「是的。可是小明對世界的看法這麼悲觀，一定有某些原因。」輔導老師道。老師正面、積極、熱情而且耐心。小明認為老師欠缺邏輯性，或許因為常搞不懂所以顯得特別有耐心吧！

小明的媽又哭哭啼啼地聲明他們不是小明悲觀的原因，小明的怒氣上騰，快控制不住自己。

「跟家暴無關，我們都會好好跟孩子溝通，不管成績還是態度都是。」小明的媽信誓旦旦地道。

小明終於壓抑不住，回道：「我有說我被家暴嗎？我從來沒有，討論這些只是浪費時間，我只是把我所感受的世界誠實說出來罷了。」

輔導老師道：「小明，你太悲觀了，你不該這樣想，你還小，還有未來，年輕的大好的生命在等著你。」

小明理智斷線地道：「我這樣想，跟我的年紀有什麼關係？那是因為我發現這是『事實』啊！老師，『年輕』是什麼，你應該很清楚吧？『年輕』就是個承諾多，實現少的騙徒。那邊那位家長，不是常後悔自己的過去，每每羨慕年輕人，怨嘆自己失去的時間與機會嗎？」

「我怎麼會有你這樣的孩子？」小明媽大聲哭道。

輔導老師急忙道：「這位馬麻請不要這麼說，會傷害孩子的。」

「沒關係，我習慣了。這個世界就是地獄，每個人既是被折磨的靈魂，又是折磨人的惡鬼。」

這句話終於把兩人擊潰，他們坦承不知道怎麼處理小明，只好請主任出馬。主任跟小明談了很久，比較完整了解了小明的世界觀。

主任對小明道：「小明，我想問你，你這樣想除了覺得是對的之外，還有沒有什麼其他原因？」

小明想了想對主任道：「把世界視為贖罪或流放的地方，讓我感覺活起來輕鬆些。或許就是這個原因吧！」

「好，我了解了。」

「從來都沒有人這樣想嗎？」小明問道。

「就我所知沒有，這樣的想法讓我覺得很可怕。我沒辦法說這是對的，可是同樣我也不敢說你是錯的。」

「那我是生病，才會這樣想嗎？」

「我真的不知道，大人也有不知道的事。小明，你讓我想想好嗎？」

這件事一直擱到了今天。

今天有個叫 Cibala 的老師來帶大家玩遊戲。小明原本不怎麼期待，但 Cibala 老師介紹說自己是念哲學的，而哲學就是一間收滿稀奇古怪想法的圖書館，這引起了他的興趣。

其他同學們都玩得很開心，小明認為 Cibala 老師帶的思考遊戲頂多是普普，就是個用來逃避痛苦現實的遊戲。

小明抓到一個機會，跟 Cibala 老師簡單地說了一下自己的世界觀。

「小明，你的想法很『有趣』。」小明第一次聽到別人用「有趣」形容他的想法。他覺得這才是今天唯一有趣的事。

「所以我不是生了某種心理疾病嗎？」

「我不是研究心理的，所以我不能確定，不過我覺得不是。歷史上曾有這樣想法的哲學家。」

「真的有這樣想法的哲學家嗎?」

「有的。」Cibala 老師回道：「我下周還會來，帶本書給你。」

一周總算過去。Cibala 老師帶了他所謂的書來。

「這個哲學家名叫叔本華，你的想法跟他一模一樣。你看這一段。」他指著叔本華一篇小文章，標題叫：論人間的苦難。

小明看著 Cibala 老師指給他的段落，讀了兩句，眼淚便不自主地從臉上落下來。

Cibala 老師碎碎念

這個故事的主角依然是叔本華，著名德國哲學家，對近代的學術界、文化界影響極為深遠。他對心靈屈從於器官、欲望和衝動的壓抑啟發了日後的精神分析學和心理學。

這個故事旨在展現叔本華悲觀主義哲學的一面。叔本華對人生抱持悲觀的角度，人生本質上就是不滿足的痛苦，追夢縱欲對他而言皆是愚蠢，人最好的狀態就是全然不受欲望干預的「平靜」，這觀點受到印度教很大的影響。

一八五九年，《作為意志和表象的世界》的第三版引起轟動，叔本華稱「全歐洲都知道這本書」，他在第三版序言中寫道：「總算我在彼德拉克的的名句中找到了安慰：『誰要是走了一整天，傍晚走到了，那也該滿足了。』叔本華在最後的十年終於得到了聲望，但仍然過著獨居的生活，陪伴他的只有數隻貴賓犬。

哲學很有事，你也來試試

☆小明認為人生充滿了什麼？

☆小明為什麼認為，人生是充滿第一題所說的那個東西？

☆小明用獅子啃食小羊的例子想說明什麼？

☆主任問小明，除了認為痛苦是事實之外，還有沒有什麼其他原因，小明怎麼回答？

☆Cibala 老師如何解釋什麼是「哲學」？

☆你覺得生命根本上是快樂的，還是痛苦的？還是其他？

維京船長

說拜稽首曰：「非知之艱，行之惟艱。」孔傳：「言知之易，行之難。」

《尚書．說命中》

西元九〇三年，北海某處。

頂著滿月，十艘維京戰船在夜幕中疾行，船上載滿菁英維京勇士。船長羅洛在指揮船上閉目養神，除了他以外所有勇士都遵守紀律安靜地划船。天氣濕冷嚴寒，沒有船艙的維京戰船本身就是考驗身體與意志的煉獄。黑暗中，勇士們明亮的雙眸彷彿惡魔一般，令人生畏。

羅洛船長個子不高，肌肉結實，長髮配上滿臉鬍鬚，高挺的北歐鼻梁，銳利到發出寒氣的眼神。他穿著厚實的獸皮重甲與鹿皮長靴。腰掛短柄鋼製戰斧，背後背著一面圓形的維京大盾。盾面布滿尖釘盾刺。羅洛雙手恭敬地捧著一個精緻木盒，上面刻著十字架與聖徒像。

天氣嚴寒，羅洛船長呼出的空氣凝成了一小片雲。他的表情嚴肅凝重，腰背挺直，雙手穩定不動，一點也不比划船輕鬆。羅洛是戰爭英雄，天生直覺與戰鬥經驗造就他成為傳奇的維京勇士，只是海與金屬都無情，一寸之差就可能讓人葬身大海或成異鄉枯骨，這一次也不例外。

維京船長是個沉重的責任。維京人靠海維生，船長不只管船，也是整個村子的領袖。船長領導眾人時必須有堅強的意志，絕不能忘記自我，面對各種的抉擇與挑戰時，能果決做出選擇。他可能犯錯，卻不能逃避犯錯或躑躅不前，領導就是前行者。

也因此，領導必須永遠保持孤獨。太忙碌、太多社交甚至太多知識都會使人忘記自我。對船長來說，所有忘記自我的事物，都是邪惡到極點的事物。

休養之餘，羅洛船長回憶起當年那三個傳教士的事……

那三個傳教士來到村子裡，說他們是神的使者，要來向我們散布好消息。我非常高興，能得到神的關注真是不得了的事。我認真思考他們說的每一句話，觀察他們的行動，給了他們數次的機會，卻越來越失望，最終與他們決裂。

我們並不排斥信仰，我們接受了信仰，直到今天都是如此。只是在成功建立教會之後，教士們開始批評我們生活野蠻。他們說改善生活的要務，是理性的教育與生活，這能讓我們過得更好更幸福。我對「什麼是理性」沒有概念，卻願意讓村子的人更幸福，於是便接受了建議。

村子裡很快地成立了學校，傳教士也成了學生的老師。我的長子威廉跟次子哈爾率先進了學校就讀。不過才幾次上課，我就開始感受到孩子的不對勁。威廉跟哈爾都因為進入學校而失去了活力，失去了自我，只記得名字。

在我的價值觀裡，了解自己該做什麼，比了解一切事物更重要。思考是為了行動，知識是為了明智的決定，而不是為了無止盡地追求知識。但是我的孩子，我可愛的孩子們所學的一切都與行動無關。他們的思想像是被一切與自己無關的知識占滿了，再也找不回自己。

我一開始以為這是過渡現象，靜靜等待著，直到那天我跟威廉吵了起來。

我生氣的說：「你該完成這些，你知道該怎麼做。」

我承認我有點大聲，不過那是因為我天生嗓子洪亮。

「不要。我會弄錯。」威廉答道，他像是待審犯人般囁嚅道。

「別擔心，犯點錯沒關係，多花點時間罷了。」我的聲量稍微降低，我不想把孩子嚇壞。

「不行，我沒空，我想去念書了。」威廉轉身離開，這個動作惹火了我。

「那只是藉口。」我攔住他，憤怒地道：「我送你去念書不單只是讓你吸收知識，是為了讓你有做事的能力。現在的你連原來就能做的事情都辦不到，這不是我的本意。」

威廉露出輕視的表情，搭配語氣道：「你怎麼這麼野蠻？」

「你說什麼？」我這可被他嚇傻了，我記憶中他從來沒有這樣對我說過話。

「老師說你是野蠻人，只懂得用力氣解決問題。」他回道。

我深吸了一口氣之後道：「我在跟你講理，哪有用什麼力氣？我只是希望你了解，只讀死的知識，不去行動，是沒有意義的。」

「我現在只喜歡讀書，只喜歡聽歷史故事。」

「你只是習慣了逃避。」

這段對話的後續不重要了，我已經確定我的孩子受到心靈熱病的感染，不處理不行。

這些傳教士不了解，他們所說的歷史故事，只是「過去的故事」，是的，生命必須往後才能「理解」，但日子卻必須往前「生活」。面對生命不是只有理解，那是片面的，空洞的，更重要的是情感跟意志展現出的生命力。

憤怒的我直接質問這些傳教士「老師」。

「你們到底教了我孩子什麼？」我承認我很難掩蓋胸中的怒火。

「羅洛先生請冷靜一點。」老師露出恐懼的眼神回道。即便我已經受洗成為基督的門徒了，在他心裡我依舊是一個茹毛飲血的野蠻人。這眼神讓我完全清醒了，我要是這樣就控制不住憤怒，就不用在戰場上帶兵了。

「我沒有不冷靜，你不斷地跟我小孩說我野蠻，你看到的是自己眼中的野蠻。」我盡可能地解釋，我只想爭取一個真誠對話的機會。「我想問你，只有一個問題，你說你的生命到底是為了什麼而存在？」

「我的什麼？」

「你的生命，你的存在，是為了什麼？」我回道。

「我的生命？」老師露出迷惑的眼神複述這句話。

「是的，就是你。你是怎麼樣的人？你的生命到底是為了什麼？」

「我的生命是為了什麼？」

答案是什麼我已經不記得了，一點也不重要。當這些傳教士說答案時，我很清楚他們彼此使的眼色，以及臉上虛偽的表情。這些傳教士對自己生命結論如同小學生一樣，抄襲答案來欺騙老師，而不願自己認真思考。

回家之後，找來了威廉跟哈爾，好好地跟他們談了一下。我認為，他們在抽象知識的學習中，忘記了自己是誰，不再真正思考，失去了生命的力量。空想空談，逃避現實，不敢抉擇，恐懼犯錯，這比不受教育更糟。這對維京人來說根本是一種精神上的疾病。

「你們的老師從不思考他們自己，卻能說出一千個歷史事實，就像是飢餓卻只翻閱食譜幻想一般。」我也不知道自己哪來的靈感，說出一大段文謅謅的話，我真誠地對兩人道：「你們真正需要的是在心中清楚什麼是你該去做的，而不是什麼是你該知道的。你們必須發現那些我可以為之生為之死的理念，這才是真正的思考，這是維京人的榮耀，也是你們成人的意義。」

這天晚上經過反覆的思考跟談話，我的孩子終於懂了我的憂心，了解了父親不但不野蠻，還具有再多的知識也買不到的智慧。

隔天我把「老師們」趕出了村子。

「我們排斥的不是信仰，而是你們的思考習慣。你們雖然滿口知識道理，行為卻已經證明了只是個『假大人』。」

「歷史的發展是必然的，人必定會從未開化走向開化……」

「我才不關心開化還是不開化。」我自信回道：「每一個維京人，都會成為獨一無二的覺醒者。而你們跟你們所謂開化的知識，只是讓人成為人偶的咒語罷了。」

我會繼續領導村莊。

當出海捕魚時，我們在出發前就會計劃好航線。但是當作戰時，我們都是出海後才向神明祈禱，祈求祂們指引我們方向。今夜亦然。

「求上主指引我們作戰的方向。」羅洛拿出了預備好的籤，虔誠地祈禱著。

Cibala 老師碎碎念

本故事談的哲學家是索倫・奧貝・齊克果（丹麥語：Søren Aabye Kierkegaard，又譯祈克果、克爾凱郭爾等；1813.5.5–1855.11.11），丹麥神學家、哲學家及作家，一般被視為「存在主義」之創立者。

齊克果生於哥本哈根一個富裕家庭。父親是暴發戶並與富豪之女結婚，妻子去世後另娶家中女傭為妻，老年得么子齊克果。齊克果本身所受正式教育不多，但勤於自學。他體弱多病而且性格憂鬱，且深信自己會因詛咒而早死。

本故事主要改編自《齊克果日記》，在本書中齊克果諷刺那些單單追求知識，卻缺乏可以為之生為之死的知識或哲學。齊克果信仰立場堅定，但他對人心人性的深刻刻畫，在哲人中亦是少見的。

一八五五年齊克果於哥本哈根一家醫院逝世，臨終前不肯接受丹麥國家教會的聖餐，也不肯讓教會參與其喪禮。

哲學很有事，你也來試試

☆ 維京船長在領導眾人時絕對不能忘記什麼？

☆ 傳教士說改善生活的要務是什麼？

☆ 船長說他的孩子在進入學校之後，有什麼樣異常的反應？

☆ 當羅洛船長質問傳教士生命是為了什麼的時候，對方怎麼反應？

☆ 羅洛最後對孩子說他們真正需要知道的是什麼？

☆ 知識與行動，你認為哪一個對你而言意義較大？

致死的疾病

哀莫大於心死，而人死亦次之。

《莊子．田子方》

一八四五年，丹麥的哥本哈根。

哥本哈根街頭，有名男子在路上失神般遊走。他時而長嘆，時而跺腳，時而咬牙切齒，時而全身發顫。

仔細觀察，男子前額寬闊，鼻梁英挺，有著一雙綠色深邃眼眸以及厚實嘴唇，長相年輕英俊，可是不知道為什麼，背後卻有個老人也罕見的高聳駝背。他的髮型凌亂，臉上充滿強烈而且變化迅速的誇張表情，時而憂鬱，時而憤怒。

「每個人都染了病，一種致死的疾病。」男子喊道。

街上人來人往，有人加速通過，臉上充滿鄙夷，也有人駐足觀看，憐憫卻又害怕。

男子大聲喊道：「這病不至於死，卻又活不了，染病的人雖然活著，卻不算活了，病人雖然沒死，卻死去了。」

「真是個瘋子。」路過的人道。

「真可憐。這麼年輕就瘋了。」旁邊一名女子道。

「我倒有點好奇他想說什麼。」另一個人說道。

男子又重複同一段話幾次，停下來聽的人卻越來越多。

男子見時機成熟，切入正題道：「這不是身體的死，生物的死，乃是靈魂的死，精神的死，是一個人作『真正自己』的死。死去的人保有肉體，卻成了不再是自己的人。也因此，連肉體的死亡也不能讓病痊癒，只是讓死者的肉體毀滅罷了。」

男子的話帶著穿透力，他的情緒像是傳染病一般，迅速蔓延至圍觀的人身上。

「人無法成為自己，懼於面對人生，放棄了希望，陷入了絕望。他可以整天吃喝玩樂，滿足無止境的私欲，他可以辛勤工作，累積個人可支配的財富，他可以追求知識，卻一樣對整個人生無望，過著逃避自己的人生。甚至於，世俗生活越忙碌，人生便越無望。」

聽著男子的話語，眾人心中升起了一個日復一日的努力、工作、求學，卻不知為何而戰，也不知道自己會通往何方的生活景象。

「少在那邊危言聳聽。」一名男子回道：「你才是那個胡思亂想，搞不清楚自己是誰的人。」

「那你又是誰？」

「我是艾倫，丹麥王國的子民。」男子接著開始介紹自己的頭銜、職業、住所、家人、朋友，吹噓自己過人的酒量。最後他補了句：「我才是知道自己是誰的人。」

「難道你從沒意識到，不是這些答案說出了『你』，而是『你』說出了這些答案？」男子開始如連珠砲般繼續道：「難道你從沒意識到，你跟社會中其他人的關係，只是偶然的，你對其他人而言，從來都不是必要？難道你從沒意識到，你所謂的『特別』只是一些無足輕重的小玩意，拿來吹噓更是愚蠢可笑！難道你從沒意識到，以為自己知道根本只是真無知的影響，你的思想住在貧乏的小屋裡，還自以為是華廈？不思考的你只是外在欲望的傀儡，如果環境真決定了你，代表真正的你根本被遺棄了，遺棄在不見天日的『絕望』裡。」

男子用字遣詞雖然饒舌，卻有股難以言喻的魅力，圍觀人群越來越多，開始有人有興趣。

「你說的『絕望』到底是什麼意思？」另一名男人問，他的眼神清澈閃亮，顯然不是個笨蛋。

男子道：「絕望是不思考，是人們把自己放錯了位置，把世界放錯了位置，把構成自己的，在自己之外的，還有那會殺死自己的元素全都混在一起。思考是保持距離，保持自己在平衡的位置上，絕望是『失衡』，一種讓你的靈魂無法思考的危險失衡。它成形了，爆發了，在你們每一個人的身上。」

沒有人聽得懂男子到底在說什麼。

「你，就是你。」男子衝向在旁邊聽他說話的一名男性，這男性身著大衣，戴單邊眼鏡，長相斯文。

男子抓起斯文男的衣領，對所有的人大聲道：「這病爆發在你身上，成了致死的疾病。你是個學者，知識分子。你沉醉在漫無邊際的想像中，輕視現實。你失衡的原因是掉進了『無限』，不能認識自己是『有限』的。你進入了『完全想像』的生活，只關心不著邊際的抽象事物，還以為這樣才是高貴，實際上只是遠離了真正的思考，讓自我消失。自我消失並不發出聲響，甚至比五塊錢的消失要更安靜，更不引人注意。」

「說什麼瘋話啊！你！」男人掙脫奇怪男子的手，憤怒地走開，邊走邊掏出手帕來擦拭剛被抓的領口。

男子完全不以為意，他瞪視著人群，又衝向其中一個穿的流裡流氣的男人，擰住他的衣袖大聲喊道：「你，就是你。」

那人還在估量著怎麼反應，男子便像演講一般對所有人道：「絕望又爆發在你身上，成了致死的疾病。你是一個掮客，投機分子，俗世之人。你輕視理想，缺乏熱情，目光短淺，自我設限。你失衡的原因是跌進『有限』，完全不了解自我之中有著『無限』的那一面。你忘記了你真正的名字，隨波逐流，認為在世界中成功就是好，以成為別人的複製品為榮。你看起來好像關心自己，實際卻是在糟蹋自己。不再思考的你把自己抵押給現實，卻拿不出理念來贖，最終只是被空虛吞沒。」

「關你什麼事！」男人沒有否認，他甩開男子的手，蠻不在乎地走開。

男子又衝向其中一個看起來像是流浪漢的人，拖著他的衣襬道：「你，就是你。」

「絕望又傳染給了你，那致死的疾病。你是一個遊手好閒，妄想著一切可能，卻只是空等的廢人。你說世事無常，朝不保夕，但最不保的就是你。你失衡的原因是妄想一切『可能』，卻從來不去認識事情也有『必然』的一面。結果是迷茫虛無，不負責任，找不到目標與歸屬，讓一切都成了夢幻跟泡影。你居無定所還沾沾自喜，不信努力也不接受結果，你失去了面對現實認真思考的能力，成了過一天算一天的幽靈。」

男子搖了那流浪漢兩下，那流浪漢像是醉了，失去平衡倒了，無法起身。最後男子衝向一個女子，那女子帶著手環、十字架還有一些奇怪的飾品，手腕還隱約透著刺青的圖案。

「妳，就是妳。」男子指著女子的臉，幾乎所有人都感受到了女子眼神中的無助。

「它最後在妳身上發病，那致死的疾病。妳是個到處求神問卜，沉迷於必然命運的迷信者。妳失衡的原因是迷信『必然』，妳不了解自己的自我中有著新的『可能』的那一面。妳是宿命論者，迷戀時自以為是，失敗時怨天怪地。妳是市儈的，累積了一些小聰明，卻不明白一切都有可能不同的大智慧。妳汲汲營營，卻永遠也看不清自己真正的命運，因為妳放棄了真正的思考與自己。」

那女子也許是聽懂了，跌坐在地上，久久不能起身。

男人高舉雙臂，朗聲道：「真正的思考需要平衡，絕望恰恰是『失去平衡』。人是『有限』、『無限』、『可能』、『必然』的綜合體，當他過度沉溺於任一者，都會造成不平衡。『有限』與『無限』平衡，『可能』與『必然』平衡。真正的自我是，不缺少任一者的綜合：不沉溺於空想，不困陷於現實，不否定事物的關連性，卻又不受制於必然的命運。自我懷抱理想，也認清現實，願投身奮鬥，又能豁達面對結果。自我應該超脫一切而自由，才能擺脫絕望的失衡，擺脫這致死的病。」

男子說完這段，旁邊突然衝出兩個僕人打扮的人，喚男人一句少爺後，兩人熟練地架住男子將他抬離現場。

「放開我。」男子大喊道：「不要逃避自己，不要失去自己，你的思想才是一切的主人。」

圍觀的人也不知道該做什麼。突然有一個人大喊：「你的名字是什麼？」

「我的名字是索倫．奧貝．齊克果。」

Cibala 老師碎碎念

本故事改編自齊克果一八四九年的《致死的疾病》一書，這本書中，齊克果討論「絕望」(fortvivlelse) 的概念。

在齊克果的《致死的疾病》中，「絕望」是一種因失衡或錯置而無法真正思考的狀態。自我盲目地追逐某些極端的教條，錯解了自我，使得自我失去了自我。齊克果哲學的重點是批判啟蒙那種言必稱規律或理性的哲學，追逐理性或規律只是一種讓人誤入歧途，甚至不再思考的思考習慣，是會殺死靈魂的疾病。

齊克果把「自我」視為許多不同對立衝突的概念中的平衡，這也是一種很有趣的觀點，並且成為心理分析，或精神分析的前驅者。

哲學很有事，你也來試試

☆齊克果說眾人都得了怎麼樣的疾病？

☆齊克果如何解釋什麼是「絕望」？

☆齊克果開始解釋什麼是「絕望」之後，他怎麼說第一個人？

☆承前題，他怎麼描述第二個人？

☆承前題，他怎麼描述第三個人？

☆承前題，他怎麼描述第四個人？

☆你覺得，真有這種失去「自我」的疾病嗎？

無神論的傳教士

宗教是人類的精神之夢。

德國哲學家　費爾巴哈

一八六三年，柏林街角一間名叫「騎士」的小酒館。

去年普魯士王國換了一個原來是駐法大使的新宰相，整個國家好像翻新了一般，這個過去以宗教虔誠聞名的封建世界，開始經歷現代化與工業化的洗禮，當然也包括思想。

酒館裡三個工人正開心地喝酒聊天。在這個還沒有工人組織的時代，工人的生活與前景普遍不佳，大多的失意者只能靠酒吧暫時地麻痺自己，然後日復一日投入沒有希望的明天。

「我是一個傳教士，無神論者的傳教士。」

「你在說什麼啊，麥克斯，現在是什麼角色扮演時間？」名叫大衛的工人道。他喝醉了，每個吐出的字都帶著酒氣。

「大衛！你就讓麥克斯扮演一下吧！他都穿得那麼像了。」名叫布魯諾的工人道。布魯諾雖然酒量更好，但喝的也更多。

「是的，我是無神論的傳教士，要來告訴你們關於神的訊息。」

「說話也文謅謅的。」名叫卡爾的工人對「麥克斯」道。現在的樣子倒是卡爾的常態，他除了工作，從沒清醒過。

「都無神論了還有什麼神的訊息，好好笑，你該不會跟我說，神創造了我們之後……」大衛打了一個酒嗝，然後道：「就死了吧？」

眾人因笑話而笑成一團。

「還有人說英國人發現根本就沒有『創造』，人類是由『演化』而來的。」布魯諾道。

「真的假的？『演化』是什麼意思？」卡爾問道。

「我是個不識字的工人，這我哪會知道？」布魯諾雙手一攤回道。

「『創造』的確是存在的，不過不是神創造了人，而是人創造了神。」傳教士道。

「麥克斯，真的假的，你居然敢說人創造了神？」大衛道。

卡爾也道：「哇，你好大的膽子。你會被神父還有牧師拖去燒了。」

「說的好。」布魯諾灌下一整杯酒，然後道：「太好了，麥克斯，你繼續說，繼續傳無神論者的福音。我請你喝酒。我還請大家喝酒。」

「太棒了，布魯諾最棒了。」接著三人一起乾了一杯。

「《聖經》寫的是神照著自己的形象造了人，但實際上是人照著自己的形象造了神。人把自己身上的特質向外投射，想像自己身上的各種特質，另一個不同的存在也有，而且更多、更無限、更美好，這就是神。神出於我們想像的創造。」

「太酷了，為我們用想像創造的神乾杯。」大衛道。

「太棒了。」布魯諾跟大衛乾杯道。

「這讓我耳目一新，『這位傳教士』你再多講一點，我請你喝的更多。」大衛笑著道。

「然而人們的這種想像又不是沒有理由的，神被賦予的都是人類精神最重要，最理想性的特質。神被想像為『全知』的，那是因為人有理智、有知識，所以我們想像有無限理智的神明，洞察明瞭一切。因為我們的內在有道德感，希望世界處於道德完美的狀態中，我們便創造了一個『全善』的神，能賞罰一切善惡。」

「你講的這麼快，我聽不懂啦。」大衛道。

「你講的這麼多，我記不住啦。」布魯諾道。

「你的意思是神是我們對完美的『妄想』？」卡爾回道。

「那是一面，但同時也是我們對完美的『追求』。除了知識與善惡，我們內在還有愛、憐憫、受苦各種強烈情感，因此我們便想像出充滿『愛與憐憫』，能包容一切的神。『全知』、『全善』、『愛與憐憫』這三項特質剛好對應於人精神中的知識、道德與情感三個領域，人照著自己的樣子創造出宗教崇拜的對象，為的卻是認識人自己。誰認識了『人』，也就認識了『神』。神學就是『人類學』。」

「後面這段我聽懂了，原來認識神就是認識人啊，太酷了，再乾一杯。」布魯諾道。

「該你請客了吧！卡爾！」大衛道。

「先生，這是我的榮幸。我請一杯。」

三人一起乾了一杯。

「可是這樣說會不會有點誇張啊！」布魯諾道：「教會的牧師聽到一定氣死了。」

「氣死他們！」卡爾喊道：「氣死這些衣裝筆挺，講道時滿口憐憫，卻從來不行動的偽君子。」

「我說的是最敬虔的人所能說出的話。人必然要在神之中發現自己，在自己之中發現神。」

大衛忙道：「可是你們別忘了，我們還要去教堂做禮拜領聖餐，這不是也是宗教的一部分啊！」

「宗教的主角就是『人』，任何把『神』跟『自我』分開的想法，都是宗教神棍。盲目地崇拜宗教儀式中的聖餐、奇蹟、獻祭、靈異，沉迷於這些自我以外的宗教事物，強調超自然力量，這種信仰的結果必然是迷信和不道德。」

「語氣越來越嚴肅了，你還真以為你在講道啊！別逗了！快點喝酒吧！」布魯諾道。

卡爾道：「對啊！你從剛剛到現在都還沒動。快喝呀！麥克斯。」

正當三人努力勸酒之際，酒吧的門突然開了！一個男人走進酒吧，直挺挺地朝三人走去，用力地瞪著勸酒的三人。

「你們喝酒怎麼能不找我呢！大家是兄弟啊！」那男人道。

「嚇我一跳，是麥克斯啊！你自己先跑不見了，我們才來喝的。」卡爾回道。

「對啊！是你自己的問題。等等，我怎麼覺得哪裡怪怪的。」布魯諾道。

「我知道了，如果你是麥克斯，但麥克斯剛剛不是在這裡，跟我們扮什麼無神論的傳教士嗎？」大衛回頭，發現剛剛有人的那個座位上，根本什麼都沒有。

「這可奇怪了，剛這邊不是有個人一直跟我們三個講話，就算不是麥克斯，那是誰呢？」卡爾道。

布魯諾大聲喊道：「老闆！剛這邊的那個人去哪了？」

「那邊一直只有你們三個人。」老闆冷冷回道。

「我們三個明明跟他一來一往的說話，還邊聊邊叫酒。」大衛道。

「我忙著備酒，沒聽清楚你們說什麼。」

「咦？難道我們三個是見鬼了不？」卡爾道。

一陣風從酒吧的小窗輕輕吹入，像人的手一般靈巧地翻動著角落架上的一本舊書的書頁，那是一八四一年出版，哲學家費爾巴哈的成名作品《基督教的本質》。

Cibala
老師碎碎念

路德維希・安德列斯・費爾巴哈（德語：Ludwig Andreas von Feuerbach, 1804.7.28–1872.9.13），德國哲學家。

費爾巴哈是黑格爾左派的重要思想家，黑格爾哲學在十九世紀初獲得了無上的地位，然而隨著一八三一年黑格爾的死去，反對黑格爾的浪潮開始興起。其中，黑格爾左派主張歷史的目的是人絕對的自由，反抗一切現實的壓迫，對政治與宗教中的權威抱強烈的敵意。

費爾巴哈是其中的重要人物，《基督教的本質》一書對宗教的批評驚動了當世，後來也被吸收成為馬克思主義中「宗教是人民的鴉片」的看法。這個故事便以此書為主，陳述「宗教是人的自我投射」的有趣觀點。

哲學很有事，你也來試試

☆布魯諾提到英國有人提出人類是由「什麼」而來？

☆傳教士說《聖經》寫神照著自己的形象造了人，實際上呢？

☆傳教士提到神的哪三項特質剛好對應到人的精神活動，又是哪些精神活動呢？

☆傳教士認為神學是？

☆傳教士對宗教儀式，或宗教中超自然力量，抱持怎樣的看法？

☆你覺得人造了神，跟神造了人兩個選項中，哪一個比較令你信服？

共產黨宣言

全世界的工人，聯合起來！

馬克思與恩格斯的〈共產黨宣言〉

一八四八年由馬克思與恩格斯起草。

一個幽靈，共產黨的幽靈，在歐洲遊盪。為了圍剿這幽靈，歐洲一切舊時代的勢力，教皇和沙皇、法國激進派和德國警察，都聯合起來了。有哪個反對黨不曾被他的政敵罵為共產黨呢？

從以上事實可知共產黨已經被歐洲公認為一種勢力；現在是共產黨人向全世界說明自己的觀點，以公開宣言來反駁誣陷者的時候了。

為此共產黨人集會於倫敦，擬定了以下宣言，用英文、法文、德文、義大利文和丹麥文公布於世。

人類的歷史就是階級鬥爭的歷史。在過去不同時代的社會存在著不同的「階級」。在古羅馬，有貴族、平民、奴隸；在中世紀，有封建貴族、臣僕、平民、農奴，每一階級內又會更細分。

不同階級爭奪生存資源與社會權力，這就是「階級鬥爭」。壓迫者和被壓迫者，勝利者與陰謀者，雙方不斷進行台上台下，或明或暗的火拼與爭奪，有時一方勝利，有時雙方同歸於盡。

在中世紀封建社會滅亡之後，資本家誕生了，資本家表面上推翻了舊王權，解放了所有人，實際上只是用新的階級，新的壓迫方式代替了過去的威權。現代社會是一個表面和平又平等，背地裡卻充滿了對立與壓迫的殘酷世界。

在資本主義時代，社會分裂為兩大對立的階級：資本家（富人）和無產階級（工人）。

資本家是握有超過親手工作所需生產資源的特權集團。隨著市場擴增，需求興起，工商業、航海業和鐵路的擴展，資本家羽翼漸豐，將其他一切階級都排擠到後面去。在大型工業和世界市場的時代，它從代議制國家裡奪得了政權。現代的代議國家政權不過是資本家的財產管理委員會罷了。

資本家除了掌控權力，還破壞人與人之間的關係。它斬斷了人與人各種關係的羈絆，使人與人除了利害關係外再也沒其他聯繫。它以金錢淹沒情感，把人的尊嚴貼上價碼，以無良的契約保護自己，抹去了一切職業被尊崇的意義。一切的工作都變成了追求金錢的投機者，甚至連家庭關係也變了樣。

總而言之，它用公開的、露骨的金錢剝削代替了過去宗教和政治的剝削。資本家奔走於全球各地到處落戶開發，到處建立關係。開拓世界市場，建立世界性工廠。古老的民族工業被消滅了，世界性工廠加工的不是本地的原料，而是來自遙遠地區的原料；工廠製造的產品不僅供本國消費，更供全世界消費。區域性的產品、自給自足的生活跟閉關自守狀態，都快速地被世界性交易代替了。

透過買賣，資本家把所有民族都捲進了「文明」。商品的低廉價格，是它用來摧毀一切民族仇外的武器。它迫使一切民族——如果不想滅亡的話——採用資本主義的生產方式。它按照自己的面貌創造世界。

資本家建立起巨大的城市，使農村從屬於城市，使未開化的國家從屬於文明國家，使農民從屬於地主，使東方從屬於西方。它使人口不斷密集，使原料不斷集中，使財富越來越聚集在少數人手裡，甚至讓政治權力不斷地集中。各自獨立的、各有不同利益、法律、政府、關稅的地區，慢慢結合為擁有統一政府、法律、關稅、生活方式的民族。

隨著資本主義世界的建立，代表無產階級的工人也誕生了：現代的「工人」指的是只有能工作時才能生存的人，因為一切自然資源都已經被資本家占據。工人唯一合法的工作就是為資本家增加財富，這些不得不把自己出賣的工人，跟其他貨物一樣，成了商品，進入市場競爭。

由於機器的推廣和分工模式建立，工人處境越來越不堪。工人成了機器的附屬品，要他做的只是極其單調的機械性的操作，這些事對人類來說毫無趣味可言，卻能讓任何沒訓練的人都能投入生產。工人不再擁有生產製造的尊嚴，工作不再有樂趣與成就感。更可怕的是，花在工人身上的錢越來越少，低到幾乎只能維持生存必需。生產機器越推廣，工作就越無聊，分工越細，勞動量就越增加，工作時間也越長。

在資本家的大工廠裡，工人們就像士兵一樣被組織起來。他們是產業的士兵，受著各級軍官層層監視。他們是資本家的奴隸，還要受機器、監工的奴役。這種專制制度越是公開地將營利當作自己最終的目的，它就越是可憎。另外，操作的技巧和氣力越少，男工人也就越受到女工和童工的排擠。其實對工人階級來說，性別和年齡再也沒有意義了。他們都只是勞動的工具，不過因為年齡性別費用不同罷了。

工廠對工人的剝削才剛結束，工人領到了工資，馬上就有另一群人，房東、店主、當舖老板等向他們撲來，分走他們的血汗。

以前的小商人、手工業者和農民，全都成了無產階級，有的因為他們的小資本不足以經營大工業，經不起市場競爭；有的因為手藝已經完全被工廠生產而淘汰。無產階級就這樣有越來越多人加入。

隨著工業的發展，無產階級不僅人數增加，還結成更大的集體，力量日益增長。工人開始成立反資產者的同盟；他們聯合起來保衛自己的工資。

工人有時能暫時得勝，但更重要的是組成越來越大的聯合。這種聯合因為交通發達而更簡單，將世界各地的工人匯集成大規模的政治運動，中世紀靠鄉間小道需要幾百年才能達成的聯合，現代利用鐵路只要幾年就可以達到了。

在資本家的一切競爭對手中，只有無產階級能帶來真正的革命。其他的對手都是舊時代的產物，隨著工業發展日趨滅亡，但無產階級卻是工業本身的產物。現代世界資本帶來的壓迫，無論在英國或法國，無論在美國或德國都一樣。法律、道德、宗教，全都是資本家的偏見，隱藏在偏見後面的全都是資本家的利益罷了。

資本家不配再做社會的統治者了，因為他不能保證自己的奴隸能繼續生活。無產階級已經沒什麼好失去的了，無產階級若要拯救自己，必須進行大規模的革命，徹底改變世界。同心協力，不分國籍，組織起來，以推翻資本主義的政權為目標。只有政治權力才能重頭改善工人的生活，拯救千千萬萬的工人，以及更多工人的後代。

因為現代社會不平等的關鍵是財產的私有，無產者只有犧牲自己現存的利益，才能真正取得進步，他們必須摧毀對私有財產的一切保護。無產階級必須建立「共產」的社會。只有共產社會能阻斷資本家的特權，解放資本的壓迫，重新讓世界資源公平地分配。

過去的一切運動都是為少數人謀利的運動。無產階級的運動卻為絕大多數人謀利的運動。無產階級，現今社會的最下層，如果不炸毀社會上層，就不能重新站起來。無產階級是資本主義一手造出的掘墓人，只要團結，必能在革命中贏得勝利。

生活就像海洋，只有意志堅強的人，才能到達彼岸。

全世界的工人，聯合起來！

Cibala
老師碎碎念

卡爾・馬克思（德語：Karl Marx, 1818.5.5–1883.3.14），早期在中國被譯為麥喀士，是猶太裔德國哲學家、經濟學家、社會學家、政治學家、革命理論家、新聞從業員、歷史學者、革命社會主義者。馬克思的最著名和最富影響力的作品是一八四八年發表的〈共產黨宣言〉以及一八六七年至一八九四年出版的四卷《資本論》（在他死後，由恩格斯整理稿件並編輯）。

本文由馬克思的〈共產黨宣言〉編譯並改寫而成。〈共產黨宣言〉（德語：Manifest der Kommunistischen Partei）是國際共產主義運動的經典文獻之一，最早由卡爾・馬克思和弗里德里希・恩格斯寫於一八四七年十二月至一八四八年一月，一八四八年二月二十一日在英國倫敦發表。這份文件一開始是共產主義同盟的黨綱。該宣言鼓勵無產者聯合起來發動政治革命，推翻資本主義建立一個無產階級的社會。

本文中保留了該宣言論述的次序。只是為了讓思考簡化，省去了一些反覆強調的文字篇幅，希望能讓大家在閱讀上更簡單而且精要。

哲學很有事，你也來試試

☆〈共產黨宣言〉說人類的歷史是什麼的歷史？

☆馬克思提到在現代，社會分裂為哪兩大對立的階級？

☆馬克思認為資本家如何改造世界？

☆無產階級的代表是誰？又是怎樣地生活？

☆馬克思提到無產階級若要拯救自己，必須怎麼做？

☆馬克思提到無產階級必須建立怎樣的社會？為什麼？

☆你贊同馬克思的論點嗎？為什麼？

☆你認為除了共產社會以外，還有沒有什麼其他的可能性，可以改善馬克思提到的問題？

博物學家華萊士

能生存下來的物種既非最強壯的，也非最聰明的，
而是最能適應改變的。

生物學家　達爾文

一八八五年，英國倫敦。

「今天要帶你去拜訪一位博物學家。」家教老師對八歲的貴族孩子說。

「『博物學家』是什麼意思？」孩子問。

「世界上能被研究的事物是無窮無盡的。有人埋首於精妙數學，有人研究優美的詩歌，有人觀測天上的星體，也有人致力分類岩石。博物學家是專門研究『生物』與生物環境的學者。」老師領著孩子停在一間不太起眼的破舊建築前。

「到了。」老師道。

「這就是你說的『那個地方』？」

「對。我們進去吧！」

「天啊！」

進入建築後，房子裡與外表完全相反，空間開闊，裝潢精緻，而且充滿了各式各樣細心維護的新奇事物。

首先，映入眼簾的是一個擺滿了大型動物標本的大廳，從老虎、獅子、駱駝到海豚與小河馬都有，標本製作的非常精美。有些標本的動作配上表情，讓人猛一看還以為是真的。經過穿堂，下一個展廳放著小型生物的標本，灰狼、山貓、兔子、各種鼠類，最多的是各種鳥類，從鸚鵡、老鷹，到文鳥、麻雀都有。

向著更深處前進，主題又變成了爬蟲與昆蟲，這裡擺放著一盒一盒整齊的標本，蝴蝶、蜻蜓、甲蟲、蜘蛛等，以及各種蛇、蜥蜴、烏龜的圖鑑與標本，還有一隻栩栩如生的恆河鱷。隔壁房間則是擺滿了兩棲類、甲殼類、貝類以及各種魚類的骨骼以及標本，還有漂亮的珊瑚。

一連串的震撼教育之後，他們終於在一個種滿各種花草植物的庭院裡見到了這裡的男主人——華萊士先生。華萊士先生年過六十，有著大鬍子與和善的笑容，還有一雙充滿好奇心而又溫柔的眼神。

「能把收集解釋給英國下一代的主人聽，實在是莫大的榮幸。」華萊士道。

「先生太客氣了。」老師回道。

華萊士帶兩人參觀了各區域，介紹了許多有趣的動植物。華萊士的解說生動有趣又精準仔細，大至古代巨型生物的骨頭，小至被封在琥珀中的昆蟲，他都談得津津有味。

華萊士見時機成熟，切入主題道：「其實所有館藏，都一起合唱著一個論點，那就是『演化』。」

「演化？」孩子重複道。對他而言，這是個新的詞彙。

「從相反觀點說起或許更好理解。與演化相反的觀點是認為物種永恆不變，自神創造以來，物種就分門別類一代代地繁衍下去。」

「你說，演化『反對』這樣的觀點？」孩子問，「『反對』兩字的聲調明顯提高。

「是的，演化與從《聖經》理解到的生物觀是完全相反的。」

老師對孩子道：「不管怎麼樣衝突，多了解世界都對思考有益。我們不可能忽視博物學家所收集到的事實與證據。」

華萊士也補充道：「了解觀點的衝突是種誠實，也是種成熟。況且你不需要現在決定相信哪一種想法，在充分了解之後再決定也不遲。」

「好吧！」孩子回道，語調帶著超齡的成熟，「請告訴我『演化』是怎麼一回事。」

「從哪裡說起呢？」華萊士摸著下巴道：「博物學的研究讓我們越來越清楚看到，生物族群間具有親緣關係。」

華萊士邊走邊說：「不同鳥類有相同的身體結構，卻有對應不同食物的鳥喙。不同種烏龜的構造大同小異，龜殼的紋路或開口卻不同。不同種類生物也有類似的構造，蝙蝠的翅膀骨骼類似於陸生動物的爪，鯨魚的骨骼類似於陸地的哺乳動物，有手掌骨甚至腳骨。對生物的研究越透徹，越會發現生物之間的關聯。」

「這真是相當驚人的發現！」

「我們把生物的種類稱為『物種』，物種間有各種相似性。除了特徵以外，不同物種在胚胎上、器官運作上、骨骼構造、生存模式，甚至社會組織的相似，都說明了不同物種之間的親緣關聯。」華萊士又補充了一些相關的例證。

孩子問道：「如果照你所說，不同物種之間有親緣關係，那為什麼不同物種無法自由地產生後代？」

華萊士回道：「並非完全不行。在動物的跨種生殖上，成功與失敗的例子都有，還有隱藏變因的干擾。不過，不同種植物雜交的成功率很高。這表示在生物的物種與更細的亞種之間，並不存在絕對的界線。」

華萊士邊帶兩人走向化石房，說道：「甚至，根據現有化石推論，現代物種是從古代物種而來，既存物種由已經滅亡的物種而來，所有生物都同源於已經消失的遠古生物。多樣性的物種是經『演化』而來。」

「又聽到這個字了，『演化』到底是什麼意思？」

「『演化』是不同的個體在自然世界中生存競爭的過程。生物後代在個體間就有大小不一的差異，拿人來說好了，孩子不會是父母的複製品，同父母的兄弟姊妹也會有很大的不同，每一個個體都是獨特的。這不只是人類，對所有的生物來說都一樣。」

師生兩人點點頭。

「個體的特性中有些與生存無關，但也有些相關。例如，飛蛾觸鬚的長短不影響生存，翅膀的顏色卻會，與附近植物同色的飛蛾更不容易被鳥發現，也更容易生存。」華萊士順手拿起一隻枯葉蝶的標本，把牠折了起來，從側面看這隻蝶就跟一片枯葉沒什麼兩樣。

華萊士繼續道：「對任何生物來說，繁衍的後代數量以幾何倍數成長，每種生物都有機會讓子孫遍布各地。但因為自然能提供的生存資源有限，即便不直接衝突，食物與生存空間的競爭，使得某些更適於生存的個體，存活了下來。這就是『生存競爭』。」

師生兩人想起了華萊士在介紹植物的例子。一株植物一年如果產生兩個種子，而每個後代每年又產生兩個種子，那麼二十年之後就會有一百萬株植物了。幾何級數的成長會越來越快速，越來越驚人。

「生存競爭使有有利條件的物種獲得數量上的優勢，這過程會重複地發生，使得生物後代越來越更特別，越來越更契合於自然環境。當這種特別成為可以觀察的外在特徵時，便成為一般人所謂的『物種』。」

「『生存競爭』是可以觀察的過程嗎？」老師問道。

「這是非常長的過程，以人類的短暫生命直接觀察恐怕不易。不過人類在農牧就會利用選擇的手法，讓更多肉的豬不斷繁衍，因此畜養的豬跟野豬已經有明顯的差別。大自然只是利用有限資源競爭長期地運用，因而產生了更適於環境的物種。」

華萊士又舉了一些演化的例子，釐清師生兩人的疑惑。

「所以，在生存競爭中存留下來的物種，是更好、更強或更進步的物種囉？」孩子問道。

「其實並不能這樣說。」華萊士用堅決的口氣道。

「為什麼不能？」孩子問道：「依照你的描述，這樣想很合理啊！」

「這是種合理的偏見，但依然是偏見。演化被稱為『自然選擇』，但自然選擇並不含有『價值判斷』在其中。自然決定了有些生物更容易生存繁衍，這是件事實，並沒有評判『好』或『不好』。」

「我被搞糊塗了。」孩子回道。

「我也是。」老師回道。

「我舉個例子來說明，如果環境的溫度下降，具有厚重毛皮的生物就比沒有毛皮的生物更容易生存。對嗎？」

「對。所以這代表具有厚重毛皮的生物是更進步、更好的生物，不是嗎？」

「那只是相對於設定的環境更好。如果環境溫度變高，毛皮反成負擔。況且我們也沒有理由說環境變冷或變熱是好的或壞的。越適應環境的生物，也往往越容易被環境改變所影響。這不一定就是最好或最進步的生物。」

「那如果最能適應『各種環境』呢？意思是生物越能禁得起環境的改變，就是越有適應力的生物，也就是越好的生物。」老師回問道。

「生物再怎麼能適應環境，也有個限度，就算真能適應多種的環境，也就是這樣的生物存續力強，這就代表牠的『價值』更『高』嗎？更『進步』或更

『好』嗎？如果那個生物會危害其他的生物，甚至會破壞自然呢？」

「所以這樣代表那個生物是『不好』的嗎？」

「也不是，而是無法判定價值。演化純粹就是自然的過程，本身沒有價值可言。」

「有人說演化論認為人類是從猿猴變成的，這真有可能嗎？」老師問道。

「其實這是錯的，演化論認為人與猿猴有共同的祖先。承認這點並不會讓我覺得有任何不堪。人類的偉大不來自於他所屬的物種，相反地，認為人類物種原本就比其他物種偉大的人，往往看不見人類真正的價值。」

「雖然是看生物，卻讓我更了解了何謂價值呢！這個下午真是讓我受益匪淺。」老師對華萊士道。

「我也是。」孩子回道。

Cibala 老師碎碎念

本故事的主角是查爾斯・羅伯特・達爾文 (Charles Robert Darwin, 1809.2.12–1882.4.19)，英國博物學家、生物學家。他提出的演化論，認為生物是由少數共同祖先，經過長時間的自然選擇過程後演化而成。或許在過去這是種理論，但在今天的生物學中，演化已經是可以觀察的事實。

除了科學，演化論對宗教與價值觀的挑戰也難以忽視。演化論直接否定了創造說，也直接否定了人本身地位的特性。人類就是演化中的生物，雖然有其智慧與聰明，但這也就是演化賦予人類有利於生存的工具。人類並不在萬物之上，而是在萬物之中。這是繼天文學革命以來，又再一次對人類自身深刻認識上的進步。

本文特別強調，生物學的演化概念其實沒有「向前進化」的意思。存留下來的生物不比之前的高明，只是剛好配合上無情（或無明）的自然環境罷了，價值是人們主觀安上去的。另外，我也想順便介紹華萊士(Alfred Russel Wallace, 1823.1.8–1913.11.7)這位博物學家，他與達爾文同時代，單打獨鬥的他也根據自己的想法得出了演化的概念，只是名氣上不及達爾文，所以我們在這裡紀念他。

哲學很有事，你也來試試

☆華萊士說這整個博物館所有收藏的共同主題是什麼？

☆在開始解釋「演化」這一段，華萊士說博物學研究讓我們越來越清楚看到什麼呢？

☆依故事中人所言，什麼是「演化」？

☆華萊士如何回答生存競爭是可以觀察的過程？

☆華萊士認為生存下來的物種是比較好，或更強的物種嗎？

☆你覺得能適應各種不同環境的物種，就是最好的物種嗎？為什麼？

☆你覺得達爾文的「演化論」是對的嗎？為什麼？

美麗新世界

物競天擇，適者生存。

生物學家　達爾文

時代與地點俱不詳，只確定這是個「競爭」的世界。

傑克在街道上拼命奔跑，手緊握著剛剛偷來的乾糧。他知道偷竊不應該，不過他太餓了，已經整整三天沒吃任何東西了。更悲慘的是他的姪子皮皮，一個只有四歲的小孩，他也跟傑克一樣，每天被強烈的飢餓煎熬。

傑克不是沒有找工作，可是人太多了，瘦弱又沒受太多教育的他，一點機會也沒有。

這個世界的基本規則是「生存競爭」，每個個體都必須設法養活自己，以任何方式，但完全只能靠自己。這裡禁止任何形式的社會救濟，禁止頻繁的互助，排斥條件不相配者的婚姻。因為這些都違反了「自然淘汰」的神聖定律。淘汰弱者的定律從古至今，無聲無息地運行著，它讓世界越來越好，越來越複雜，越來越完美。這規律是神聖的，是所有人都應該接受的。

這樣說來好像所有人都冷酷無情，但也並非如此。這個世界依然有好人、有法律。不過讓競爭更趨激烈的是全世界的糧食產出遠低於人口消耗，飢荒乃是常態。在生存的催逼下，越來越多人走上絕路。

傑克跑向他的朋友大衛，他唯一信任的人。

「我拿到一些東西。」傑克道，他不藏私，至少對自己關心的人。

「我們就這裡吃了吧！這樣還安全些。」大衛回道，他吞著口水，他也餓了一天。

「不行，我得帶一些給皮皮，然後我們倆對分，一起回去安全點。」

大衛搖搖頭道：「好吧！你說了算。如果遇到有人盤查。兩個人以內我們就先動手，三人以上就分開跑，老地方見。」

「好。」傑克點頭道。

在這個追求完美的世界中，很自然的，人類不全然平等，因為人類不全然完美。而且科學讓這種不平等加劇了，因為人的特徵世代相傳，不管是腦力或體力，生理或心理的疾病，都可以用科技來預測。在生存資源不足的情況下，社會有個理智又殘酷的決定，把資源留給「更優秀」的人。很快地，當「一般人」對「劣人」的處理沉默後，不公平很快輪回到一般人的身上。

現在，遺傳因子優秀的「優人」已經占住所有重要的社會資源，公權力、科技知識、財富與教育、軍隊跟武力都在他們的手中，像傑克、大衛或皮皮這些「一般人」，只能在社會邊緣求生存。

「這些優人遲早會遭報應的。」大衛邊走邊吐了一口口水道。他親人的死都跟種族政策有關。

「可是我們已經在遭受報應了。」傑克苦笑道：「說句認真的，換做是你，如果只有一份食物，你會給優人還是一般人？」

「我怎麼可能會給優人？」大衛語氣充滿不屑。

「你那是情緒。我是認真的問，如果就理性考量，你難道不會認為更有競爭力，更美好的生命值得留下來嗎？」

「別說了，前面有警察。」大衛比了安靜的手勢。可惜兩人緊張的神情已經引起優人警察的注意。警察直挺挺向兩人走來，伙伴交換眼色的瞬間就動手了。

兩人全力向警察急衝，大衛率先飛身撲倒了警察，傑克則拚著全身力量向對手下巴揮拳，這拳不偏不倚地打中警察的下顎，讓對方當場昏迷，兩人配合得天衣無縫。

撲倒警察的大衛，在警察的身上搜索著，他掏出警察的配槍，拉開保險，對昏迷不醒的警察的胸口開了三槍。鮮血，濺了兩人一身。

「你到底在幹什麼？」傑克不敢相信對方的作為，大喊道：「他已經昏過去了，根本沒有殺他的必要。」

「我在回答你之前的問題。」大衛回道：「這就是我會做的事。」

「你瘋了。你知道我們比不上優人的一點，就是情緒的控制力。你這個樣子就是我們輸給優人的原因。理性點好嗎？」

「我贏過了他，不是嗎？」大衛笑道：「他死了，我活了。」

「你輸給了你自己，你不是自我提升，而是墮落。」

正當他們爭執時，警察身上發生了變化。一個小型機器人從警察身上飛出，開始掃描四周所有的人事物。

「他身上裝了機器人。他的死啟動了機器。」傑克道。

「我來送他上西天。」大衛不斷朝天空開槍，不過機器人太小，根本打不到，直到他用光所有彈藥。

大衛怒道：「那機器錄下我們的臉了。」

傑克冷靜道：「你現在打下來也沒用，它可能已經把資料傳回去了。」

「那怎麼辦？」

「快走。」

他們兩人沒命似地往前奔跑，跑了兩三百公尺，回頭發現那個機器人盤旋在空中，閃著紅燈，穩穩地跟著他們。

「它追上來了，怎麼辦？」大衛問道。

傑克回道：「殺警察這種事我們自己沒辦法處理，對了，我們逃到白人牆那邊去。優人跟白人是敵對的，搞不好在那還有唯一生路。」

白人牆的另一邊是白人，在這個世界種族通婚也是嚴格禁止的，因為這將破壞種族間的自然競爭。白人在寒冷的氣候中演化，發展出高等生存技巧，熱衷於擴張冒險，他們到處擴張，在這裡也建立了殖民地，白人區的邊界離這裡只有十公里。

「好主意，我們快走。」大衛興奮地道。

傑克回道：「可是我得回去接皮皮。」

「那樣要往反方向走十公里，來得及嗎？」

「就算來不及也要接他。皮皮是我姪子。」

大衛回道：「他又不是你兒子。你不快跑就連自己的命都沒了。」他的語氣中有著不耐煩的怒意。

「自己逃走，放他在原地等？我做不出這樣的事。」傑克搖搖頭道。

「那你，交出你的食物來。全部。」大衛揮著那把沒有子彈的手槍。他似乎忘了傑克知道手槍裡已經沒有子彈。

傑克沒有多說什麼，他交出了食物，他知道這是他最後一次見到大衛了。在傑克跟大衛分開之後，機器人一路跟著大衛飛行。不幸的大衛在圍牆前遭警察當場射殺。

傑克接到了皮皮，揹著他走了二十公里。很幸運地，他們剛好遇到了一個白人巡警隊，把他們接到邊界的避難所。

傑克在一張前所未見舒服乾淨的床上醒過來。周圍是白的發亮的牆壁與天花板。

「皮皮呢？」他緊張地問道，發現自己是躺著的唯一的人。

一位白衣服的白人女子走進來，微笑著對他說：「別擔心，他正睡得好好的。」她拿出一個傑克沒見過的高科技儀器，讓傑克看見睡的很好的皮皮。

「你很快就能見到他了，你多休息吧！」

傑克覺得女子的笑有一種特殊的魅力，他也意識到自己身體深處那深深的疲憊需要休息，沉沉睡去。

傑克沒有再清醒過，他跟他的姪子皮皮，都成了白人科學家手裡的實驗品。他們的年紀，正適合來測試某些重要的藥品。

這個世界正因為追求完美而堅定地前進，時時刻刻，無聲無息。

Cibala

老師碎碎念

本篇介紹赫伯特・史賓賽（英語：Herbert Spencer, 1820.4.27-1903.12.8），英國哲學家、社會達爾文主義之父，他提出將「適者生存」(survival of the fittest) 應用在社會學，尤其是教育界與政治界。但是，他的著作對很多課題都有貢獻，包括規範、形上學、宗教、政治、修辭、生物和心理學等等。史賓賽的時代存在許多著名哲學家和科學家，譬如約翰・斯圖亞特・穆勒、托馬斯・亨利・赫胥黎和查爾斯・羅伯特・達爾文都是當代知名的人物。

史賓賽在生前贏得了大量的榮譽、名聲以及財富。不過因為他的社會達爾文主義傾向嚴重影響了後來的德國與日本的軍國主義思想，因而聲望急轉直下。現在的哲學界，很少人會研究他。

當然慢慢的，也有學者開始為他平反，認為史賓賽的著作中的某些點被刻意強調了，以致被誤會成是社會達爾文主義者。不過對筆者而言，並不刻意去強調正確詮釋是因為社會達爾文主義是一種很獨特的思想，不管如何，都值得讀者理解與思考。

哲學很有事，你也來試試

☆這一個現實世界的基本規則是什麼？

☆讓整個世界競爭更激烈的是？

☆科學有助於讓這個世界更平等嗎？為什麼？

☆傑克憤怒地對大衛說，他們比不上優人的，是哪一點？

☆這個世界中，種族與種族之間的關係如何？

☆看完這個故事，你認為淘汰弱者會讓這個世界更幸福嗎？

☆你認為競爭會讓這個世界更幸福嗎？

湯姆的逃亡

我們認為以下真理不言而喻：造物者創造的每個人都是平等的，並賦予他們不可剝奪的生命權、自由權以及追求幸福的權利。

〈美國獨立宣言〉

一八六二年十一月三十日，美利堅聯盟國 (the Confederate States of America) 的阿拉巴馬州。

自十五世紀大航海時代開始，歐洲陸續從非洲買進超過千萬名黑人奴隸。一開始是西班牙與葡萄牙，後來加入了不列顛、荷蘭以及法蘭西等國。黑奴多半被賣到美洲，他們在運送過程中大量死亡，即使倖存，迎接他們的也只是一代接著一代的被奴役，成為建設新大陸，生產經濟商品的工具。

湯姆是個黑奴，黑奴沒有人身自由，沒有財產權，當然也失去了追求個人幸福的權利。湯姆心中不平的烈火，正因美國最近的政治局勢而越燒越旺。他在每個月一次的秘密聚會上，對參加的黑奴同胞說明他的計畫。

「這如夜空般的黑色，烙印在我們皮膚的每一吋，我們是黑人。黑人是人，有思想，有靈魂，也是神的子民，卻被視為白人的財產或物品。一個不事生產的白人乞丐，擁有的法律與社會地位，是一個勤奮刻苦的黑奴，永遠無法得到，甚至連其子孫也無法得到的。」

所有黑人都點頭了，這是他們生存的實況。

湯姆繼續說：「這是不正確的，這是不公平的，這是神不允許的。我們要一起掙脫，一起反抗這個不公平的世界。」

一名黑人打斷湯姆的話道：「你口口聲聲說白人不公平，為什麼你要信仰白人的宗教？」

「白人有偏見，神卻沒有，主耶穌要救一切人。教會也反對奴隸制，教會曾讓羅馬奴隸制無法在中世紀繼續，反對美洲原住民被奴役，英國牧師打官司訴請黑人的人權自由。教會是站在黑人這一邊的，只是大多數的白人還因為懶惰貪婪而自欺欺人，自相矛盾，難以改變。在未來，我主耶穌基督一定會帶領我們獲得勝利。」

一位黑人婦女道：「可是我的主人對我很好，照顧我們全家衣食無憂，我孩子生病時還請醫生來幫我們看病。」她說完這話後也有其他黑人一起點頭。

湯姆回道：「並不是所有的白人都是壞人，但即使這樣，依然改變不了黑人是被買賣的商品這件事，連小孩也一樣。你現在也許運氣不錯，但難保將來不會被殘酷的主人買去，生不如死。黑人不需要被人照顧憐憫，黑人需要的是自主與自由，不依靠任何人，自己去追求幸福，自己承擔行動的結果。」

「你還是再跟大家解釋一下，到底要我們一起做什麼好了。」一名黑人補充道。

湯姆清了清嗓門，用慎重的語調道：「北軍的統帥亞伯拉罕．林肯在九月二十二日已經發布了〈解放黑奴宣言〉：所有在聯邦的統治下的黑奴，自一八六三年一月一日開始不再是任何人的財產，恢復為自由的人。所有違背宣言的州郡或組織，都將被視為是聯邦的敵人。」

聚會的黑奴開始躁動起來。

「這是真的嗎?這怎麼可能?」有人從來沒聽過這樣的事,無法相信。

「這只是北軍的計策吧?」有人反而開始懷疑。

「為了聯邦與自由而戰。」有人熱血沸騰,無法抑制衝動。

「可是我聽說北方工人的生活比南方奴隸更糟。」也有人在思考權衡,是否真能從此得利。

不過在一小陣討論之後,所有人都接受了這個消息的真實性。

「我要逃走。」湯姆激動地道:「不只如此,我還要幫助北軍,我會躲在山裡打游擊戰,我要親手爭取我的自由。你們當中有誰,願意跟我一起走?」

這天晚上,湯姆說服了五名男性同他一起離開。這些人都認可,以自由之身死去比以奴隸姿態繼續生存要更好。他在逃亡中不斷想取得與北軍的聯繫,但是都失敗了。食物耗盡,失去信心的湯姆一行人,很倒楣地,遇到了三個南軍的士兵。

士兵有槍，六人無法抵抗。帶頭兵長命令兩名士兵用槍指著六人，搜索他們身上是否有武器。

「瞧瞧這群奴隸。」兵長問道：「你們的主人呢？黑奴？」

在場六人都沒有答話。

「不說話是嗎？開槍打死一個。」兵長下令道。

南方士兵聽令後如行刑般對一名黑人近距離開槍，中彈黑人當場命喪槍下。湯姆一行人逃亡的風險已經付出了慘痛的代價。

「還不說嗎？」兵長擺出下命令的手勢，生死只在一線之間。

「我們已經不再奉任何人為主人。」湯姆勉強鼓起勇氣回道：「是我帶他們逃跑的，要殺便殺我，這些人是無辜的。」

「無辜。」兵長回道：「我同意，但你們不是無辜的人，只是無辜的黑奴。再殺一個。」兵長揮手後士兵又處決了一名黑人。

死亡距他只有一指之遙，湯姆心中湧起從來都沒有過的恐懼。

兵長站在剩下四個人的前面，像是演講一般開始道：「我是個軍人，不是莊園主，也不是奴隸販，我不想奴役你們。有人說，畜養黑奴反而降低了人們發明工具的動機，這我也同意，我們是井水不犯河水。可是，你們這群人。」兵長講到這裡，激動地抓著湯姆的胸口，怒道：「叛逃的南方黑人游擊隊，從我們正後方偷襲，做掉了我十個弟兄。」

「不是我們做的。」湯姆回道。

「那有什麼差別？」兵長怒回道：「讓你們為奴也不是我跟我的弟兄做的，你們開槍之前可曾想過這些，再幹掉一個。」

士兵又處決了一名黑人。

「不是我們做的。」

「我了解，也不是我們做的。」兵長舉起槍對著湯姆，一邊後退，一邊準備開槍。但意外的轉折發生了，一旁突然傳來槍響。南軍兵長被人從左後側開槍擊中頭部，當場死亡。

湯姆不敢放棄反抗求生的機會，他快速撿起兵長的槍，另外兩個黑人也衝上去搶奪兩名南軍士兵的槍，在一陣扭打後，湯姆用兵長的槍打死了一名南軍士兵，另一名黑人則在爭奪中殺死了另一個南軍士兵。

接著從一旁的樹林中，跑出兩個北軍的白人士兵。帶頭那人問道：「你們沒事吧？」

「我們沒事，謝謝。」

「沒事就好，我們還沒脫離險境，附近還有不少南軍的士兵。我叫瑞克。」帶頭的白人士兵對湯姆伸出手來，湯姆回過神來，已經讓瑞克等了大約五秒，他連忙與瑞克握手。

「瑞克，你也太噁心了吧！居然敢跟黑佬握手。」後面那北軍的白人士兵突然舉起槍來，近距離朝黑人開了一槍，直接殺死了一個剛才解救的黑人。

「丹尼，你在做什麼。」瑞克對白人士兵大叫道：「他們被南軍屠殺，是我們這邊的人。」丹尼還在繼續上膛，接著把槍對準了另一個黑人。

「我就是討厭這些黑色的，帶著傳染病的奴隸。上面有什麼想法我不管，但要我親自動手來救這群黑佬，門都沒有。」丹尼往湯姆身上吐了一口口水，接著道：「黑佬，來啊，殺我啊，我是來解放你的。」

經歷這麼多變化，湯姆已經無法思考，他呆呆地站著，瑞克舉起槍對著丹尼大喊：「丹尼，我命令你把槍放下。」

「用不著這樣對你的戰友吧！我昨天才救了你一命。你不是叫我『救命恩人』嗎？」丹尼回道：「為了一群黑佬跟你的救命恩人翻臉，覺得值得嗎？」

「這不是那個問題。」瑞克回道。

「我不相信你敢對我開槍。」

「丹尼，把槍放下。」

「我拒絕。」丹尼微笑道。接著他開槍了，子彈擊中黑人要害，那人倒下，同時，瑞克也對丹尼開槍了。子彈直接擊中丹尼的頭部，帶走了他，最後活著的人只剩下湯姆跟瑞克。

瑞克向天大叫嘶吼著，接著抱著丹尼的屍體痛哭。湯姆也不知道該如何面對這一切，他看著身邊五個同伴的屍體，想起聚會的快樂時光。

瑞克哭了一陣子之後，終於清醒過來，他請湯姆帶上槍。兩人逃入樹林之中。他們走了好長一段路，才開始說話。

「為什麼你要幫助我？」

「我不知道。」瑞克回道：「我是約翰·布朗的小孩。」

約翰·布朗是當時有名的廢奴主義者，他是白人，卻不斷支持美國各州的黑人起義，組織武裝解放行動。他曾殺害白人的奴隸主，也因此在一八五九年被羅伯特．李的軍隊所擒，以叛國罪處死。許多人認為他的死是美國內戰的導火線。

「你是約翰．布朗的小孩？」湯姆用不可思議的語氣問道，原來救了自己一命的竟是英雄之子。

「是的。」瑞克回道。

「謝謝你，你沒有令你的父親蒙羞。」

「太好了……」瑞克這句話還沒講完，黑夜樹林裡一聲暗算的槍響，說明了他的命運，瑞克的後背一片殷紅，邊倒下邊對湯姆說：「快逃，再不走就來不及了。」

湯姆在樹林裡沒命地跑著，他不知道自己跑了多久，他的呼吸沉重，這個夜晚對他而言彷彿是一整個世紀般漫長。他的生命本能，最深處的求生意志帶著他跑著，讓所有人都追不上他。

最後只剩下他一個人在森林裡跑著，他跑出了森林，站上了山頭。在湯姆眼前的是一八五三年一月一日的橘色旭日，宣告他正式成為自由人的第一道陽光。

樹林裡的冰冷已經過去，溫暖的太陽灑在他身上，彷彿充滿希望。

Cibala 老師碎碎念

本故事的主角有兩位，首先是美利堅合眾國的總統亞伯拉罕・林肯（Abraham Lincoln, 1809.2.12-1865.4.15），美國最著名的總統，本故事特別聚焦於他一八六二年發布的〈廢奴宣言〉，此宣言不但影響了南北戰爭的戰局也是人權主題上世界性的重要里程碑。

本故事另一個主角的是約翰・布朗（John Brown, 1800.5.9-1859.12.2），美國著名的廢奴主義者。一八五九年他率眾在哈伯斯費里起義，解放奴隸並處決了五名支持奴隸制度的南方人。起義被羅伯特・李將軍鎮壓，布朗被捕並被處決，這也是美國南北戰爭著名的導火線之一。

約翰·布朗一方面代表對普世人權的追求，另一方面又是個以暴制暴的例子。至於這兩者衝突如何調解，恐怕沒有絕對的答案。

哲學很有事，你也來試試

☆黑奴在一開始被白人當成什麼？

☆湯姆如何回答，他信仰白人的宗教的原因？

☆有一些白人主人對奴隸很好的質疑，湯姆如何回覆？

☆湯姆最後要宣布什麼事？

☆瑞克告訴湯姆，他的父親是誰，又他是做什麼的？

☆你覺得以暴制暴，是可以接受的嗎？

☆就你所知，美國現在不再有種族歧視的問題了嗎？

自由之國

你有揮舞拳頭的自由，但止於我的鼻尖。

西方諺語

年代地點俱不詳。

這天，旅行者康傑來到了一個名為「自由之國」的城邦（城市國家）。這不是康傑第一次參觀名字中含有「自由」的國家，卻是他第一次感受到有秩序與和平的自由。他曾去過可以隨意殺人偷盗，任綁架奴役之事上演，名之為「至高自由」的犯罪之國，令他相當不悅。相比之下，眼前中型規模的城市展現出的自由，彷彿是天堂與地獄的分別。

也因此，康傑想更了解這裡。他請了一個名叫「彌爾」的導遊，為他介紹當地的歷史與文化。

彌爾道：「我們的國家追求自由，很難想像有其他國家比我們更愛自由。」

康傑道：「我想請問，是什麼原因使得你們這麼愛自由的呢？」

彌爾道：「也不是什麼特別的原因。當過去的祖先建立國家的時候，就留下訓示，社會是由許多獨立的個人所組成的，整個社會的幸福是個人幸福的累積，所以社會的基本設計一定要能讓每個人自由，讓每個人能追求自己的幸福，這才是幸福的社會。」

「這個說法很有意思。」

「不過祖先們也坦承，個人自由與社會生活的確可能有衝突。所以他們把一些對自由的重要想法刻在市中心的五扇銅門上。你一定不可以錯過這個地方。」

彌爾帶康傑來到了市中心的一個山丘，上面有間約四層樓高的五角柱狀建築，五角柱的五個側面都是一幅大型銅雕畫。

「這就是五扇門了。四扇死門一扇活門，提醒我們公權力仲裁個人自由與群體生活的界線。四扇不該以公權力介入，一扇則是有正當理由以公權力限制個人自由。這五扇門表現的自由概念，既是國家權力運作的綱領，也是每位公民該有的共識。」

「這五扇門是有順序的嗎？」

「是的，我們從第一扇開始。」

彌爾帶康傑到第一扇門前，門上的銅雕畫是一個站立的巨人，巨人腳邊有個人伏著，感覺被巨人控制住了。站立巨人一手拿著象徵威權的權杖，另一手拿著象徵好處的袋子。

「畫中的巨人叫利維坦，象徵公眾或公權力，被利維坦控制的人叫亞當，代表個人自由。這是扇死門，是不該出現的。畫說的是為了利維坦的好處，或某些人的好處，限制了亞當自由。這是種既不公平又不幸福的思考方式。因為人的幸福無法互通，增加他人幸福並無法替代亞當的痛苦，所以整個社會的幸福永遠缺了一角。當利用公權力做這樣的事，基本上就是『壓迫』。社會不應該壓迫任何人或群體。為了他人的幸福以公權力限制亞當的自由是不應該的。」

「很合理，也很清楚。」

彌爾帶康傑到第二扇門前，銅雕畫依然是拿著權杖的利維坦控制著亞當，不同的是本來在巨人手上，象徵著好處的袋子，現在在亞當的手上。

「第二扇門也是死門。這扇門描述的是利維坦為了亞當的好處，限制了亞當的自由。這在特殊狀況或許可以，如父母教育未成年的子女或限制無行為能力者。但若強迫成人如此，就是不應該的。當社會以權力禁止對健康有害的食物，強迫所有人過健康卻不自由的生活，這只是給了好處的壓迫罷了。這種生活不會讓人更幸福，因為不自由的痛苦是無法用其他利益彌補的。出於不聽勸告而犯的錯誤，跟壓迫他人的罪惡相比，根本微不足道。」

「所以不管是為了誰的利益，社會都不應該犧牲個人的自由。」

彌爾帶康傑到第三扇門前，銅雕畫依然是拿著權杖的利維坦控制著亞當，不同的是這整幅畫都沒有袋子。但是利維坦的另一隻手上，多出了本寫滿文字的書。

「第三扇門說的是利維坦為了某些道德或習俗限制了亞當的自由，這也是不對的。道德習俗給人的強大壓力是有目共睹的。有人甚至渴望這種壓力成為權力，來提高道德水準。這樣的人即使出於善意，依然是有問題的。因為道德習俗往往是一時一地的生活習慣。從古至今，不同時代、文化或歷史都會形成特有的道德習俗。東方人認為一個人不管是否成年，違逆父母就是不應該，我們則不這麼認為。有些文化允許人有一個以上的妻子，也有文化允許一個以上的丈夫。過去某一個階級的利益，首先是政治的，久了就成為風俗，在文學跟教育的作用，就成了道德。習俗是為了幫助生活，而不是限制它。也因此，道德與習俗不該限制個人自由，追求自由要比遵守這些更接近幸福，壓迫自由也比違背道德更邪惡。」

「這或許是你們最特別的地方了。很多國家都視道德或傳統先於一切。」

「我們也尊重，但不能高過自由，這就是自由之國的真義了。」

彌爾帶康傑到第四扇門前，銅雕畫依然是拿著權杖的利維坦控制著亞當，這次利維坦手裡只有權杖，但是在他的胸口畫著許多的小人，這些小人身上都有一顆被箭矢穿過的心。

「第四扇門是說，利維坦限制亞當的自由的理由是亞當的行為會冒犯到別人，引起別人的不快。『不快』指的是心理的、精神上的不愉快，如恐懼、氣憤、厭惡。有人認為只要有人『覺得』不好、不該，有人『不愉快』，就足以構成限制自由的理由，但這一樣是錯誤的。」

「錯誤的理由呢？」

「一個人心理變化的原因非常複雜，一個人的生活、個性、歷史甚至飲食都有可能，難以斷定何者是關鍵。況且，就靈魂的健全性來說，我們該做心靈的主人而非奴隸，情緒是思想的元素，然理性才是主人。在理性成熟的心靈面前，情緒的影響不但可以被無視，也應該被無視，獨立自主是成熟心靈的義務。

情緒上的冒犯雖然不該鼓勵，卻應該被容忍，為了冒犯而限制個人自由，反而因噎廢食。」

彌爾帶康傑到第五扇門前，這次拿著權杖的利維坦直接將亞當踩在腳底下，只是這次亞當手裡拿著一把刀子，刀子上還沾著鮮血。

「第五扇是活門了。當亞當的行為即將或正在傷害他人，直接引起他人健康或財產的損失，公權力便可以以絕對正當之姿限制亞當的行為，亞當再也不能宣稱這是個人自由了。有句俗話說人揮動拳頭的自由止於他人的鼻尖，自由不能成為傷害他人的理由。」

「我聽過這樣的話。」

「對社會來說有形的傷害是犯罪的行為，自由絕不能作為犯罪的藉口。也因為每個人的快樂與痛苦是不可互相替代的，因此不管對方受的傷害多麼的小，都該適用此原則，只是對傷害的懲罰該與情節比例相稱。防止傷害是自由之國唯一以公權力限制自由的正當理由，為了防止實際將出現，或正在進行的傷害而為之。在不傷害他人的情況下，個人行為應享有完全的自由，任何的他人、政府或社會都不應該加以限制或干涉。」

「好。所以在自由之國只要不造成直接傷害的行為，你們就得因尊重個人應享的自由而接受嗎？」

「那得看『接受』的意思。我們可以不喜歡、不贊同、不效法，甚至恨惡這些行為，但這些都不構成限制自由的正當理由。討厭疏遠惡習者，甚至串聯警告，這也是其他人的自由。不該是公權力介入的懲罰。這就是我們的『接受』。」

「我明白了，了解這些真是讓我受益匪淺。」

參觀五扇門之後康傑又隨彌爾逛了幾個重要景點，最後帶著滿滿的心靈收穫離開了自由之國。雖然他在自由之國沒有買到什麼特別不同的商品，卻是他第一次深深的感覺到，自己的身體裡有了新東西的存在。

Cibala 老師碎碎念

本故事介紹的思想家是約翰・史都華・彌爾（John Stuart Mill, 1806.5.20–1873.5.8），也譯作約翰・史都華・穆勒，英國著名哲學家和經濟學家，十九世紀重要的古典自由主義思想家。邊沁後效益主義的重要代表人物之一。

本故事的主題是一九五八年彌爾出版的《論自由》這本書。批評當時英國社會的保守風氣，認為只有在防止或阻止對他人造成直接的傷害時，才是公權力限制自由的唯一正當理由，為個人自由應有的保障劃清界線。

這個觀點也成了現代世界中大多數人接受的思考習慣。自由在二十一世紀初仍被視為是一種普世價值，值得所有人追求與享受。

哲學很有事，你也來試試

☆第一扇門所表示的是什麼？

☆第二扇門所表示的是什麼？

☆第三扇門所表示的是什麼？

☆第四扇門所表示的是什麼？

☆第五扇門所表示的是什麼？

☆你認為前四扇門中，有哪一個是你不贊同的？

☆你贊同彌爾所提出對「自由」的概念嗎？為什麼？

快樂的品質

快樂，是人生中最偉大的事！

俄國作家　高爾基

二〇一九年，台北。

Cibala 老師主持了一場兒童哲學討論，但小孩的討論水準完全超出他能力，他只能在一旁點頭，或補一兩個冷笑話。

參加討論的小孩有小米兒、小肯特、小哈莉特，還有小安。

「人類對快樂的追求，是不需要證明的。」小米兒道：「你可以問，為什麼人要玩遊戲，為什麼要聽音樂，那是因為遊戲與音樂使人快樂。但是當你問，為什麼人要追求快樂的時候，你就提出了一個奇怪的問題。」

小安回道：「你這樣說的確挺奇怪的。」

「人不是本來就會追求快樂嗎？」小哈莉特回道。

小米兒道：「對，那正是我的意思。我們最多解釋到人『本來』就是這個樣子，人的天性就是如此。也許，我會再解釋一次『快樂』的意思，但此外就詞窮了。我不知道怎麼繼續。」

小哈莉特道：「我同意這個說法。」

小安道：「我想不到問題在哪裡。」

小肯特沉默不語。

小米兒繼續道：「追求快樂除了是每個人的天性之外，也是評斷任何人行為『對』或『不對』，『應該』或『不應該』的標準。我們永遠應該追求產生最多快樂的選擇。」

小安道：「你說的有點抽象，可以舉個具體的例子嗎？」

「假如，在我面前有兩種麥片。假設其營養成分完全一樣，價錢也一樣，在沒有其他干擾因素的情況下，如果我喜歡甲麥片的味道勝過乙，那麼，我『應該』選擇甲。」

Cibala 老師道：「你為什麼不全部吃掉呢？」

小米兒道：「我沒有那麼愛吃。」

小安道：「那如果你媽媽要你吃乙呢？」

小米兒道：「那就是其他『干擾因素』了。當有其他因素加進來之後會影響『快樂計算的結果』，但這並不會否定我們『應該』選擇『最多快樂』。對人而言，所有可欲的事物，若不是直接能讓人快樂，就是獲得快樂的手段。只是在執行時得把所有相關的因子都納進快樂的計算中罷了。」

討論陷入了一片沉寂。

小哈莉特首先打破沉默道：「我覺得光這樣不夠。有時我們該選擇的不是較多的快樂，而是較少的痛苦。如果老師要罰你，讓你從倒垃圾跟抄寫作業一百遍中做選擇，你會選哪一個？」

小安道：「當然是選倒垃圾，誰要選抄寫作業一百遍？」

「一般狀況確是如此，但也不排除有超多垃圾，或超簡單的作業的特殊狀況。但總而言之，我們會選比較輕鬆，沒那麼累的那一個。但這樣做的原因並不是追求快樂，而是避免痛苦。」小哈莉特解釋道。

小米兒道：「所以妳的意思是，我們還要增加一個避免痛苦的選項？」

「其實也不需要這麼麻煩，我們可以把痛苦想像成『負的快樂』，避免痛苦就是選負的數值比較小的快樂，仍然是比較多的快樂，老師說負數數值越大就越小。只要把快樂跟痛苦想像成是數線上的正負兩段，有數值上的區別，卻不是完全不一樣的東西。」

小米兒回道：「同意，所以我們應該追求能產生最多快樂，或能避免掉最多痛苦的選擇。對嗎？」

「對的。」小哈莉特回道，她的發言似乎已經與小米兒構成聯盟。

小安問道：「你們說的能產生最多快樂，指的是自己的快樂，還是其他人的快樂？」

「所有人的快樂。」米兒回道：「我是在解釋什麼是『應該』，什麼是『正確』。選擇結果能造成最多人的最多快樂，就是正確的選擇。」

小安道：「我想也是，不然聽起來自私了點。」

小哈莉特道：「我知道他的意思，絕對不是那樣。」

「我反對這種說法。」小肯特推了推他的眼鏡，然後道：「依照剛剛的說法，你似乎認為決定一件事應不應該，是由這件事產生的『結果』，是否帶來最多的快樂所決定的嗎？」

「是這樣沒錯。」

「我認為這不合理，大人跟我們說某些事是不應該的，不是因為那件事結果會不會產生最大的快樂。如果有人偷了一個乞丐碗裡的錢，卻讓那個乞丐因為可憐，而收到更多施捨，難道我們就要說這個偷竊行為是『應該』的，是『對』的嗎？」

「對啊，在這個例子中偷竊明明是『不』應該的。」小安補充道。

「對啊。」Cibala 老師附和。

小肯特發言一針見血，讓小米兒與小哈莉特陷入沉思。不過這是一個純理性的討論，對手們都在靜靜等候兩人思考，而不是急著落井下石。

小米兒首先發難道：「你的例子是因為我們對行為『預期結果』與『實際結果』可能不一樣所導致。如果我被壞人下毒，壞人預期我毒發身亡，卻因為我的體質特異，反而意外治好過去的舊病。我們這時不會說那個下毒是『應該』的，是因為它原來是『預期用來』取人性命的。」

「所以，你是在考慮那個下毒者的『動機』囉？這不就代表，事情應不應該不能只看『結果』嗎？」小肯特回道。

「不完全是動機。」小哈莉特回道：「人吃了毒藥會死，固然是當事者動機，但也是『合理可預期的結果』。下毒是不應該的，是因為我們能合理預期下毒會造成死亡。一人入水拯救溺水者，動機可能是為了表現自己，但他的行動仍是正確的，因這個行動預期的結果是挽救生命。小米兒說的『結果』，指的是『合理可預期的結果』。因為人類知識有限，意外難免，不能全看實際的結果。」

「是的。我的確是這樣想。」小米兒回道。

小肯特立刻提出下一個批評：「我還是覺得這種說法有問題。如果產生最多快樂的行動才是應該做的，那看牙醫或練琴都是讓人遭遇痛苦，導致人不快樂的事，我們為什麼應該做這些事情，你的論點可以解釋嗎？」

「也可能依照他的理論，這些本來就不應該了。」小安道。

小米兒思考了一下之後回道：「我跟你們一樣覺得這些都是應該的，也可以解釋。拿看牙醫來說，雖然看牙醫會帶來不適，但這是短期的，長期而言卻會讓身體健康。媽媽也說不健康的身體是人最大的損失，不是嗎？」

小肯特道：「可是練琴剛好相反，長期練琴卻只能在短短時間內表演，這你又怎麼解釋？」

小米兒道：「練琴，雖然會帶來一時的不自由，能上台表演那一刻，帶來快樂的量，會爆表……」

「不不不，小米兒，你不能這樣答。」小哈莉特急忙道。

「為什麼？」小米兒道。

「這樣以後會有很多難解釋的地方。」小哈莉特道：「不是『量』的關係。那是因為不同的快樂有『品質』之分。」

小米兒道：「品質之分？」

「對，不同種類快樂有『品質』上的差別，而不只是『數量』。品質較低的快樂，再多也無法取代高級的快樂。」

小肯特道：「妳說的低等級的快樂，跟高等級的快樂，能更仔細地解釋嗎？」

小哈莉特立刻道：「或許概念還有點不清楚，但例子是很清楚的。我覺得能上台表演音樂，就是比自己玩玩具要高出一個等級的快樂。」

小安道：「這例子不會有爭議嗎？」

Cibala老師突然大夢初醒地道：「對啊！我就會覺得表演音樂不算是什麼高級快樂，對我來說只要能玩薩爾達傳說（電玩遊戲）就是最高的快樂。」

「什麼？老師？你居然這樣想？」小米兒驚訝地回道：「我都不敢這樣說了。」

Cibala老師一臉茫然道：「我是這樣想啊！有什麼不對嗎？」

小哈莉特好像想通了什麼，鎮定地道：「不過這也是個好例子。如果我能舉出一種快樂，說服你們還有老師，這種快樂相比於純玩薩爾達傳說品質要更高，你們就願意接受『快樂是有品質』這種說法嗎？」

「我覺得可行。」小安回道。

Cibala 老師回道：「我覺得不可能，沒有這樣的快樂。」

小肯特點了點頭表示同意。

「那我要說了喔！」小哈莉特開心地道：「那就是創造出薩爾達傳說這個遊戲的快樂。」

「你說什麼？」Cibala 老師瞪大了眼，彷彿從來沒想到這個答案。

小米兒道：「喲？對耶，我覺得這跟玩遊戲的快樂完全不能相提並論。」

小安道：「對，如果是我，我也會很驕傲。」

「我覺得……」Cibala 老師道：「妳這個例子好像還不錯耶。」

小肯特道：「例子可以接受，但即使快樂有品質可言，也只說明了你們提出的那個原則不是錯的，並沒有證明它是對的。」

小米回道：「我覺得我是對的。」

小哈莉特道：「我覺得我們一定是對的。」

小安道：「我覺得……我還是不知道。」

就在他們僵持不下時，下課鈴聲響了。同學們互道再見之後，小哈莉特對 Cibala 老師說：「老師，玩遊戲不要玩過頭了喔。我覺得你啊……」她的語氣轉為認真道：「你應該追求一些更高品質的快樂。」

「喔。」Cibala 老師回道。

Cibala 老師碎碎念

本故事介紹的思想家依然是約翰・史都華・彌爾。本故事討論的是是一八六三年出版的《效益主義》這本書。這本書繼承邊沁的效益主義思想，認為對人來說，「應該」或「正確」的選擇，就是能產生最多快樂的選擇。追求快樂是人的自然傾向，也是人類在社會中行動應該遵循的假設。

但是這本書也對效益主義加以改造，彌爾提出，快樂有不同的品質可言。它在這本書當中不斷回答各種對效益主義的批評，認為大部分的批評都來自誤解。不過由於篇幅所限，本故事只談快樂品質的問題。

本故事中參加討論的人的名字，也都有特別的設定。小米兒代表彌爾，小哈莉特代表哈莉特・泰勒，她是彌爾的伴侶，也是一個女性思想家。小肯特代表前一本故事提過的康德，而小安代表女性哲學家伊莉莎白・安斯康姆 (Anscombe)。因為彌爾是支持女性主義的，所以排了更多女性加入對話。

哲學很有事，你也來試試

☆ 這場討論一開始的主題是什麼？大家都同意嗎？

☆ 小米兒認為什麼是應該跟不應該的標準？

☆ 小哈莉特如何補充小米兒的說法？

☆ 小肯特一開始反對小米兒的論點的理由是什麼？

☆ 小哈莉特提出快樂有品質之分，舉一個例子說明之。

☆ 你認為快樂有品質之分嗎？還是只有量的差異呢？

☆ 你覺得有沒有什麼快樂，對你而言是最高級的快樂呢？是什麼？

黑與紅

擁有財產就是偷竊。

普魯東《什麼是所有權》

一八七三年，海牙。

記者康傑奉命採訪國際工人組織（International Working Association，以下簡稱「第一國際」）中兩個敵對陣營的重要人物，黑旗的普先生與紅旗馬先生。這兩方原本攜手合作，然而隨著理念與實踐方式的歧見，衝突越烈，第一國際分裂在即。如果康傑能整理出一篇客觀深入的報導，「也許」能化解這次危機。

康傑首先採訪了黑旗的普先生。普先生是個五十多歲的男子，大鼻子，有著修剪整齊的鬍鬚，眼神嚴厲中有溫柔。

康傑問道：「一開始黑旗與紅旗同盟的目標是什麼？」

「一開始我們共同的目標是打倒『資本主義』。資本主義是種開放企業與市場，鼓勵競爭與自利的社會制度。過去一百年間資本主義造就了巨大的生產力，徹底改變了人類的生活，卻也付出了慘痛的代價。」普先生說這些話時皺著眉頭，似乎在回想一件痛苦的事。

回復正常的表情普先生繼續道：「資本主義造成嚴重的貧富不均，讓自然的公平與正義無法伸張，引誘人貪婪犯罪，使人們無法和諧與幸福。資本主義無藥可救，是該被歷史埋葬的制度。我們的共同目標就是打倒資本主義，代之以更符合人性，更能讓人幸福的社會制度。但拋棄資本主義後，究竟該何去何從，我們有特別的計畫。」

「那請問這個計畫是什麼呢？」康傑自然地問道。

「我們是『無政府主義者』，面對未來，我們認為人類終究會走向沒有政府存在的社會。無政府主義認為每個人生而自由，不該受任何外在權威壓迫跟限制。人類在理性成熟之後，就能理解人我分際，自由抉擇行動，承受行動的結果。然而任何形式的政府，只要握有權力，就會將人民變成沒有自由的奴隸。無政府主義者反對任何形式的政府，個人絕對自由，一切權威都是不必要的存在。」

康傑回道：「可是沒有政府的世界不是會很可怕嗎？」

「許多人認為沒有政府就沒有法律了，人們無法解決紛爭，必定到處是強盜與暴亂。但法律不過是人們約定的文件，訴訟不過是衝突協商，而治安不過是環境的警備。人類原來擁有解決問題的能力，習慣把責任推給國家，再想像國家消失，自然會抱怨這些都消失了，就好像奴隸認為主人存在才能保障其生活，沒有主人裁決，誰能解決奴隸的打架事件呢？這都是錯誤的思考習慣導致的偏見。」

康傑回問道：「所以你的意思是人類不需要政府，就能自己解決社會問題？」

「無政府主義不只認為人們『能』解決社會問題，還『應該』這樣做，這樣才能保存每個人無價的自由，才能真正公平地解決問題，集中權力是不公平跟不自由的根源，也是逃避問題的懶惰。其實『解決問題』也只是不斷的溝通合作，人們可以自由地簽訂契約，交換商品，懲罰犯罪，維護治安，協商衝突，這些都可用『契約合作』的小團體完成。另外，面對像水壩或道路大型工程，小團體也可以集結成中團體，甚至更大的團體暫時性合作。但大團體都只是暫時性的、目標導向的，不應該具有永久的權力。」

康傑回道：「原來如此。」

普先生繼續道：「無政府主義的道路是艱困的，有政治的敵人，也有思想的敵人。無政府主義雖然主張革命，卻不認為『政治革命』是唯一的革命。教育革命、文化革命、思想革命的意義不會低於政治革命。也因此，無政府改革可以是漸進式、替代式的，慢慢改變人們的思想與生活習慣，最後必定能改變整個世界。」

「那你們對紅旗到底有什麼不滿意？」

「紅旗是群陰謀論者，專制分子，沒有崇高的理想，只有貪圖權力的狂熱。

他們汲汲營營於建立集權的組織，認為組織先於個人，讓這些人取得權力太危險了。紅旗比壓迫者更可怕、比反革命者更陰險、比職業騙徒更狡猾，任何代價都不可能讓我們繼續合作。」普先生氣憤地道。

訪問完普先生之後，換了一個地方，康傑採訪馬先生。馬先生一樣是個五十多歲的男子，狂亂的白色的頭髮與鬍鬚，眼神溫柔中有嚴厲。

「黑旗與紅旗一開始同盟的目標是什麼？」康傑開始的問題一樣。

「我們一開始合作的目標是打倒『資本主義』。資本主義是種開放企業與市場，鼓勵競爭與私利的社會制度。過去一百年間資本主義造就了巨大的生產力，卻也付出了相當慘痛的代價。」馬先生說這些話時皺著眉頭，似乎回想起一件痛苦的事。

馬先生繼續道：「資本主義帶來嚴重的貧富不均，讓自然的公平與正義無法伸張，經濟發展遲滯並走向崩潰，危害所有人。資本主義病入膏肓，是應該被歷史淘汰的社會制度。但是對拋棄資本主義後，我們究竟該何去何從這一點，我們有特別的計畫。」

「那請問這特別的計畫是什麼呢？」康傑問道。

馬先生繼續道：「消滅私有制，建立一個所有人相互合作的共產社會。我們是『馬克思主義者』，馬克思主義認為人是社會的產物，人需要依靠社會合作生存，人類在社會中發展自我，創造價值。也因此，為了追求每個人幸福，未來必須撤換資本家把持的政府，建立無產階級專政的美好社會。」

康傑問道：「具體來說，會怎麼進行呢？」

「我們希望以政治革命取得政權，以政治力量改變一切。首先從私有制的破壞開始，將私有財產納為公有，增進社會福利，這是社會主義階段。在社會生產力高度發展後，再進入完全的共產階段，人們可以根據累積的公共資源，各盡所能各取所需，達到完全的個人自由。在共產主義的理想社會中，人可以依自己的愛好與興致工作，今天是漁夫，明天是詩人，後天又是店鋪的老闆，人不用汲汲營營於營生，享受創造的快樂與完整的生命。」

「這聽起來非常的美好，會不會有人認為這太過於理想呢？」康傑問道。

「理想就是未來的事實，人類是追逐理想的。解決資本主義造成的痛苦，既是理想的，也是理性的。人類歷史就是生產方式的歷史，生產主導一切，資本主義親手造出無產階級，讓他們掌握生產，又對此一無所知，這就注定了資本家的自我毀滅。無產階級的力量正在各地凝聚累積，組建政黨，發動政治革命，終將解放一切人，改變整個世界。」

康傑問道：「你們與黑旗軍的歧見在哪裡？」

「紅旗為了崇高的理想，人類的幸福，願意付出任何代價，忍受痛苦與冤屈。我們是有紀律的政治組織，以堅貞的黨員為核心，建立組織，注意組織的技術，時時以改革世界為任。反觀黑旗，只是一群空想、吵吵鬧鬧、不切實際的浪漫主義者罷了。烏合之眾只會耽延革命，造成更多的痛苦，任何代價都不可能讓我們繼續合作。紅旗會繼續致力於政治革命，終有一天能開花結果，改變整個世界。」

訪問完畢，黑旗與紅旗誰也沒說服對方。

Cibala 老師碎碎念

本故事討論的是一八七二年第一國際的重要分裂，這分裂使得馬克思與恩格斯另組第二國際，但影響力大不如前。第一國際可說在列寧之前，影響力最大的國際共產工人組織。

第一國際中有兩派人馬，本故事中的普先生，是暗指法國哲學家皮耶－約瑟夫・普魯東（法語：Pierre-Joseph Proudhon, 1809.1.15–1865.1.19），法國經濟學家，是無政府主義的奠基人。他一八四〇年出版的著作《什麼是所有權？》一書中，提出了讓他聞名於世的論點——「財產就是竊盜」。普魯東記為人們能在無政府狀態下按照理性的指示，遵守自然和社會的法則，建立無政府又有秩序的社會。

第一國際中的第二派人馬，則是德國哲學家卡爾・馬克思（德語：Karl Marx, 1818.5.5–1883.3.14）。一八一八年五月五日，馬克思出生在普魯士中產階級家庭。大學畢業以後，馬克思為科隆地區的一家持有激進觀點的報紙供稿，思想開始萌芽。一八四三年時馬克思移居法國巴黎後，遇見了後來的重要朋友和支持者——佛烈德利赫・恩格斯。一八四九年，馬克思遭流放後便與妻兒一起遷居到英國倫敦。在倫敦後開始構建他的經濟學理論。馬克思積極參與社會主義運動，並很快在第一國際中成為重要人物。

馬克思關於社會、經濟與政治的理論被統稱為「馬克思主義」，主張人類社會是在統治階級與勞動階級的階級鬥爭中發展而成。他預言資本主義的內部矛盾會導致自身滅亡，並被新的社會主義所取代；最終建立共產社會。馬克思積極地實踐他的理論，強調工人階級應有組織地發動革命，推翻資本主義以改變世界。

本故事希望凸顯兩人的不同，刺激大家的思考。除了資本主義之外，人們應當何去何從的這個問題，並沒有「唯一」的答案。

哲學很有事，你也來試試

✰黑旗與紅旗共同的目標是什麼？

✰黑旗認為人類未來會走向什麼樣的社會？

✰普先生如何回答「沒有政府不是很可怕」的問題？

✰普先生如何描述紅旗軍？

✰馬先生他們要建立一個怎樣的社會？

✰馬先生提到他們建立理想社會的具體方式是什麼？

✰馬先生如何描述黑旗軍？

✰你覺得這兩者誰比較能說服你？還是都不能說服你呢？

✰你覺得資本主義是種好的制度嗎？為什麼？

尼采的一日神父

上帝已死。

尼采《快樂的科學》

一八九〇年，瑙姆堡。

瑙姆堡是位於普魯士薩勒河畔的小鎮。此地過去曾因貿易而興盛，現在則因商業中心的轉移而衰落。今日小鎮生活一樣平淡無奇，唯一有趣的就是在家觀護的尼采偷溜了出來，準備進行一場有趣的冒險。

去年尼采被著名心理醫師朗賓診斷為發瘋，尼采對此感到自豪，他認為在一個思想扭曲的世界裡，被診斷為發瘋是精神正常的表現。這件事如果早點發生，他就可以把它寫在《瞧！這個人》這本自傳中，可惜這本書前年已經出版了。

「無論如何，今天一定要完成冒險計畫。」尼采喃喃自語道。

尼采計畫當一天的神父，這是他心中最無恥的職業了。這冒險不為別的，而是為他自己。尼采本來就是先知，能指引人方向，但透過出版他與人心的接觸卻是間接的，今天他想改變一下方式，直接面對人的靈魂。他有完全的自信能做好這一點。

他計畫在教堂裡傳講「尼采的福音」。他只用一小筆錢就買通了一個嗜酒的神父，此時尼采穿著神父服裝，坐在告解室中。告解是天主教七聖事之一，信徒需要懷著悔改的心，向神父坦承罪行。再由神父代表天主赦免懺悔者的罪，恢復他與天主的關係。

第一位進來的是個婦人，冒險開始。

「神父，願您萬福。」

「孩子，告訴我妳想告解的罪。」

「威爾神父，是您嗎？怎麼聲音不太一樣？」

「威爾去參加會議了。我是隔壁教區的神父，別擔心，我有二十年的牧養經驗。」在告解室中說謊，尼采格外開心。

「好的。我在想怎麼沒聞到酒味。」婦人道。

婦人開始告解一些芝麻小事，尼采耐著性子聽完了。

「我以教會的權柄宣布妳的罪得赦了。妳還有沒有其他的疑問？」

「有的，神父。我有些關於人生的困惑。許多人告訴我該做什麼，我不知道該聽誰的，我該怎麼辦？」

「妳說的許多人是哪些人？」

「我的丈夫、我的母親，還有我的親戚朋友，總而言之……」婦人又講了一堆，彷彿抱怨一般，尼采意識到，這是傳講福音的好機會。

「妳的問題是可以處理的，如果妳聽從我主的吩咐。」

「神父，請您告訴我我主如何吩咐。」

「妳不該去在意任何人說『應該怎樣』或『該做什麼』，在意這些事，只會讓信仰墮落。耶穌揀選真正跟從他的人，如果不從自己的內心去跟從他，可是會被送到煉獄去受苦。」

「煉獄受苦？神父！您要救救我！怎麼從內心跟從？要捐獻嗎？」

「當然不是捐獻，上帝看重的是妳的『內心』。從今天開始，妳要忽視一切『該做什麼』或『應該怎樣』的聲音。妳只要問自己想要做什麼。沒有『應該』，只有『想要』。」

「您的意思是我要依照自己『想要』的去做？」

「對，就依照『想要』的去做，上帝住在妳心中。人如果不拿自己的心當神的殿，活出生命的力量與意志，就不是耶穌的門徒。」

「可是《聖經》不是要我順服嗎？」

「那是順服妳的上帝，妳殿中的主宰，妳內在的力量。既然上帝住在妳的心中，妳要完全依照自己的想法去做，不要被別人牽著走，這才是真服從。否則，妳至少會被送到煉獄去……」

「我不要！」

「絕對不要忽略妳心中的上帝意志，這勝過一切。」

「神父！謝謝您！我一定會奉行您，我一定會奉行我主的教誨的。」

婦人又驚又喜地走了，尼采自認表現還不錯。

第二個來告解的人是個商業掮客，這就是個游走法律邊緣，利用小手段搞垮競爭對手的危險分子。

「神父！我必須尋求主的寬恕。我活在必須擊垮對手才能存活的世界，我被迫不斷說謊、欺騙、賄賂、毀謗。有些部分沒有法律可管，卻嚴重地違反了倫理道德。」

「認罪是必要的。你再說一次自己犯了什麼罪。」

「我做了很多違反倫理道德的事情。雖然是不得已的，但……」

尼采打斷他的話，直接道：「是的，孩子，你犯了罪，只是你還是不懂你真正的罪。你真正的罪是冒犯了上帝，因為你居然相信倫理道德。」

「相信倫理道德？這算什麼罪？」

「當然是罪，這世界跟你的生活一樣，表面看似平靜，但實際上卻是上帝與撒旦的戰場。而倫理道德就是撒旦用來捕捉奴隸的工具。我問你，將耶穌釘上十字架的人是誰？」

「是文士與法利賽人。」

「你知道文士與法利賽人平時靠什麼維生嗎？」

「不知道。」

「靠教導世俗的倫理道德維生。」尼采加重了語氣道：「世俗的倫理道德，多半由這些虛偽的毒蛇所制定。這些人將耶穌釘死在十字架上，將聖徒彼得與保羅處死，這都是相信倫理道德的結果。」

「可是有些道德倫理不是出於教會或《聖經》嗎？」

「是的，教會。教會到底是什麼？是有形的建築，還是建立在遵從上帝教誨的心中？上帝看中的可不是建築樣式。若說到《聖經》中的規訓，《聖經》包含了以色列人上百年的法律與歷史，到處有詮釋的問題，怎麼可以不小心呢！」

「所以，您的意思是我根本可以不用遵守這些規矩嗎？」

「耶穌不是說安息日如果有羊跌進洞裡，難道要照規矩隔天才救嗎？規矩是可以被違背的，只要你了解它背後真正的意義。」

「了解規矩背後真正的意義？」

「是的。耶穌來是為了救贖生命，生命是上帝最看重的東西，也是規矩背後的意義。對生命發展有價值的、有意義的，就是善的，壓抑或毀棄生命的行為就是錯的，這才是上帝的規矩。你為生存所做的一切全是對的，朝這個方向去思考，不受假的道德束縛，更接近上帝眼中的美善。」

第二個人聽完後歡天喜地離開了。

第三個來懺悔的是個有錢人，他跟尼采傾訴自己不夠謙卑，犯了「驕傲」

的罪。而尼采則開導他，只要把驕傲藏在心裡，以之為發展生命的動力，這才是「真正的謙卑」。富人滿意地離開，彷彿遇見了真正的自己。

最後一位告解者滿面愁容地走進告解室。

「我前來向我主請求寬恕。」

「說吧！你犯了什麼罪？」

對方道：「我背著我主犯了貪淫之事。」他繼續說著，但聰明的尼采聽了不久後就從用字遣詞中發現了這個人是神職人員。

懺悔者用痛苦的語氣道：「我的弟兄，請你將我懺悔的心意，傳達至我主耳邊，懇請祂的寬恕。內心的重擔我已經背不下去了。」

「如果可以，自當樂意。但您所犯的罪，比想像的還要更大。」

「那是什麼意思？」

「在解釋之前，我的兄弟，我必須先跟您道歉。我的確想把您的懺悔傳到我主的耳邊，但這已經不可能了。」

「為何不可能？是因為我的罪嗎？」

「的確跟您的罪有關係，因為上帝已經死了。」

「這是何等褻瀆的言語！」

「我的兄弟！請不要如此激動。我說褻瀆的言語，您卻做褻瀆的行為。上帝已經死了，而且我知道兇手是誰。」

「你說什麼？你會下地獄的！」

「不想聽嗎？兇手就是兄弟您啊！你殺了上帝。一個全知、全能、全善，無時無刻不關注著你一切的上帝，你怎麼敢做出背叛的行為！你相信就不敢，敢做就是不信。既然你又信又敢，那我只能假設你確定祂已死，由此推論出你親手殺死祂並非不合理的。」

懺悔者再也聽不下去，憤怒地衝進告解室，揪出了尼采，將他推倒在地上。

「你！你根本不是神父，你到底是誰？」

「是的，我不是神父。可是在那之前，難道你沒看見你手上的鮮血嗎？你雙手滿是造物主的鮮血。」

懺悔的神職者瞪大眼睛看著自己的雙手，彷彿真看見了些什麼。他開始歇斯底里地邊叫喊邊跑出了教堂。

門口有兩個剛要進教堂的人，被這一幕景象嚇壞了，呆站在原地。

「上帝死了，死在十字架上。」尼采邊說邊走近兩人，帶著笑容對兩人說：「耶穌被釘在十字架上；尼采從十字架上走下來。你們選擇跟隨誰呢？」

在這之後，尼采發瘋的狀況越來越嚴重，一八九七年他的母親去世，他妹妹伊莉莎白接他到威瑪，但他病況並沒有好轉。一九〇〇年八月二十五日，尼采死於肺炎，死時五十五歲。

Cibala 老師碎碎念

佛里德里希・威廉・尼采（德語：Friedrich Wilhelm Nietzsche, 1844.10.15–1900.8.25），德國著名的哲學家、詩人、小說家、文化評論者。

尼采作品豐富而且極富個人特色，他的作品充滿諷刺、暗喻、類比、詩句般的格言、各種悖論與寓言。尼采是存在主義的重要人物，也是針對啟蒙的現代性最重要的評論者。

尼采作品中一個很重要的元素是對基督教文明的批判，他非常清楚基督教對歐洲精神文明根深蒂固的影響，而他的哲學也意圖在超越這種影響，勇敢地走向未來。本故事改編自尼采生病之後的際遇，想展現尼采對個體意志的肯定，對世俗倫理的否定，對發展生命的推崇，以及他的名言「上帝已死」。

哲學很有事，你也來試試

☆當婦人問《聖經》不是要人們順服嗎，尼采怎麼回答她？

☆尼采說商業掮客所犯真正的罪是什麼？

☆尼采解釋他所說規矩背後真正的意義？

☆尼采對最後一位懺悔者所說最驚人的一件事是什麼？

☆你覺得尼采的想法，是對的還是不對的？為什麼？

小紅

每一個不曾起舞的日子，都是對生命的辜負。

德國哲學家　尼采

小紅是隻腹部有紅點的蜘蛛，牠在一間佛堂裡結網，慈悲的佛祖卻讓一隻小蟲也掉不進網裡，小紅只好飲佛像上的露水維生。五百年過去，小紅有了轉世的機會。

小紅身體懸空，神清氣爽，空中傳來一段清楚卻又令牠安心的聲音。

「在我旁邊也夠久了，辛苦你了。」

「祢是，佛祖？」

「是的。轉世是無窮無盡的，每種生命的體驗都很特別，我對你有特別的期待，你不會忘記我的。」

這是小紅所記得佛祖最後對牠說的話。

小紅眼前一陣黑，然後，在一個有著強烈乾草氣味的地方醒過來，小紅看看周圍環境，看看自己，用四腳奮力撐起了自己的身體，牠成了一隻駱駝。

「為什麼是駱駝？」小紅嚼了一口乾草，味道感覺還可以。牠思考著，沒有答案，也沒有線索。

「你知道……」另一隻駱駝走過來，牠的名字是博登，博登對小紅道：「我們以前在沙漠裡，是要吃仙人掌的。」

「所以？」小紅回問，牠不懂博登為什麼要說這話。

「你沒見過仙人掌？那是種多刺的植物。」博登伸出了舌頭，然後道：「我們的厚嘴唇跟舌頭都是為了吃仙人掌而生的。」

「所以？」小紅依然不懂，為什麼牠要說這些牠原來就知道的事情。

「你想想，吃這種東西多不舒服啊。是不是？」

「所以？」小紅第三次重複問題。

「所以還不懂嗎？我要說的是，人類對我們很好。」博登用一種恭敬的語調說道：「人類讓我們吃各種不同的草飼料，關心我們的健康。他們也保護我們的安全，我們不需要面對肉食動物的威脅，毒蛇或禿鷹的煩擾。我們要崇敬順服人類，人類比我們強大。」

小紅瞄了一眼博登背上的行李，然後道：「既然這樣，人類為什麼要把那麼重的行李放在我們身上？」

「那是我們的宿命，忍耐人類給我們的重擔與試煉，我們就能更接近他們，更像他們。人類是萬物之靈，我們應該服從人類。」博登又叨叨不停地敘述人類有多好之類。小紅覺得一點新意也沒有。

然後是數也數不清的工作日，永遠走不停的路程，一個貨物下了再上另一個，勞苦、風霜、努力、服從，當然也有別離跟歡笑。小紅想起過佛祖一兩次，但仍然參不透祂說的話。

在小紅成為駱駝三十年後的某一天，牠因病死去，化作一縷輕煙。熟悉的感覺與聲音讓牠想起三十年以前。

「小紅，這是第一趟旅程。不是你的終點，而是另一段的啟程。」

小紅回道：「所以，我到底要去哪裡？我已經受夠了駱駝的生活了。」

「我比你更清楚這點，你會有一個完全不同的生命。」

小紅的眼再度一陣黑，接著在陣陣溫柔的舔舐下醒來，牠看看周圍，看看自己，牠成了一頭剛出生的小公獅。

公獅小紅成長迅速，既強壯又健康，即便在公獅群當中，他依然是最強壯迅捷的那一隻。成年後的公獅小紅，在牠所需要去到最遠的區域中，都沒有匹敵的對手。

小紅感覺身體裡有股強烈的衝動，想攻擊、否定、推翻一切。牠的天賦輕易地舉起牠，將牠放置在萬獸之王的頂端，令一切臣服。

牠覺得自己得到了以前想也沒想過的自由。小紅想起以前，為什麼當駱駝時沒想過要過這種感覺呢？

牠自言自語道：「那是因為我不敢肯定自己的力量，我不明白自己的潛力，不知道我能在鬥爭中得勝。」

小紅除了獅子的身體，連靈魂也變成了獅子，甚至是驕傲的龍。

「我想挑戰一切、打碎一切、得到一切。」小紅在岩石頂端上怒吼著，草原上的動物都感受到牠的怒氣。

小紅的寵妃蜜蘭朵走過來，舔舐梳理牠的毛皮，然後道：「親愛的，在眾獅子之中，你最愛誰？」

「當然，我最愛妳。但是在妳之上，又有一位。」

「那是誰？我想知道。」蜜蘭朵對牠眨眨眼道。

「那就是妳眼見的我自己。」

「親愛的，你真是太迷人了。」

小紅這一生沒其他的風波了，牠在十一歲那年死去，這是草原獅子的正常壽命。公獅小紅的一生勇敢強壯，無人能敵，一生都是所屬地域的至高王者。

熟悉的感覺，喚起了牠的回憶，緊接著熟悉的聲音，從半空中傳來。

「這是你的第二世。感受到不一樣了嗎？」

「當然，很明顯。」小紅回道：「比起順服，我這一生都在挑戰、反抗跟競爭。當我在世時我很確定這是更好的、更美的、更展現生命力的。現在我死了，不知道為什麼，突然又有種距離感。」

「這就是你的慧根。」佛祖的聲音中帶著欣慰。

「所以不是『順服』就是『反抗』，生命只有這兩種嗎？」小紅疑問道。

佛祖沒有正面回答，只是說：「快準備吧！你的時間到了。」

「什麼時間？」

「你必須學習天真跟遺忘，一個新的開始，一個遊戲，一個自轉的輪，一個對生命神聖的肯定，一段創造的旅程。」

一八四四年十月十五日。普魯士薩克森州的洛肯鎮。

一個男嬰誕生了。他的家庭不算富裕，也不算貧窮，他是一個牧師家庭的小孩。在他出生兩年後，他的妹妹出生了，這位女性嚴重影響了後世對他作品的印象。他的父親在他五歲那年去世，使他終生無法享受父愛。

這孩子從小就很安靜，喜歡思考勝過於遊戲。年輕的他曾追隨過叔本華的腳步，崇拜華格納，又推翻自己過去的崇拜，永遠與這些人在思想上為敵。他野心勃勃，卻大多時候失意落魄。他自幼健康欠佳，嚴重影響他的工作，卻拚了命創作了十多本書。他的書不為當世人所重視，卻永遠影響了後世。

他高喊著上帝已死，重估一切價值，宣揚超人的哲學。

他的名字是佛里德里希．威廉．尼采。不與任何人比較，卻又是任何人都比不上，挑戰一切，「創造」自己人生意義的哲學家。

一八八九年他因疾病加上精神崩潰，由母親與妹妹共同照料。一九○○年八月二十五日去世，享年五十五歲。

「你終於回來了。」佛祖對小紅說。

「這是我最長的一輩子。」小紅回道。

「你學到了些什麼？」

「怎麼可能三言兩語說得完。」

「沒關係。你可以待在我的腳邊，慢慢地說。」佛祖手一揮，小紅變回了一隻蜘蛛，伏在佛祖腳邊，再也沒離開過。

Cibala老師碎碎念

本故事討論的是尼采《查拉圖斯特拉如是說》中的一個「隱喻」，精神變化成一頭駱駝，然後是獅子，最後是嬰兒，象徵人類精神各個不同的發展階段。精神從「順服」出發，首先接收並受制於環境的命運，慢慢變成「反抗」，否定並攻擊抵抗環境，然而這不是最後一個階段，精神最後的專注力又回到自己的身上，成為專注於自身的「創造」。

尼采本身的生命就有這種特殊的特質。他從早年崇拜叔本華走上精神之路，接著開始批判反對基督教，反對道德，批判當時的西方文化。或許這是一般人對尼采初步的印象，然而他並沒有停在純粹反對的虛無主義中，而是走向超人，一個能超越自己，不斷向前創造的人，正如尼采自己不斷的寫作，逼使自己向前思考。

也因此我努力將這個隱喻變成一個小故事，各位親愛的讀者，可以想想自己到底在哪一個階段呢？

哲學很有事，你也來試試

☆小紅第一階段所要體驗的精神是什麼？

☆小紅第二階段所要體驗的精神是什麼？

☆小紅第三階段所要體驗的精神是什麼？

☆你曾經經歷過這些精神階段嗎？你覺得自己處在哪一階段呢？

實用主義

知識就是力量。

法蘭西斯・培根

一八九五年，美國哈佛大學。

美國在南北戰爭之後，政治、農業、工業各方面都開始蓬勃的發展，包括在學術方面。黑衣記者康傑受託訪問一位名叫威廉．詹姆士的哲學教授，據說他有個特別的，全新的哲學觀點，叫「實用主義」。

康傑對面的威廉．詹姆士是個長相嚴肅，表情卻友善和藹的男人。蓬亂鬍子搭上隨性衣著，低沉的嗓音配上生動表情。據說他年輕時長期為憂鬱症所苦，後來靠信仰跟意志力恢復。他是美國心靈協會的主要建立者，被稱為「美國的心理學之父」。也是美國當時最有影響力的哲學家。

「想請教您，『實用主義』是種怎樣的理論呢？」記者康傑問道。

詹姆士回道：「這就說來話長了，實用主義是一套關於『知識』的理論。哲學家一直不清楚知識「真正」的意義，因而陷入完全不必要的爭論。對實用主義來說，知識是幫助人類生活的『工具』，僅此而已，沒必要假設知識能神聖到讓我們認清世界的真相，但也不用因失望過度地否定或懷疑。知識就是工具，人類是生物，知識是人類這種生物的工具。」

「這種角度到底有什麼特別的地方呢？」康傑不解地問道。

「當你不了解手上的工具真正的性質跟目的時，你很容易對它期待過高，又失落過深。舉個例子來說，如果我手上有把斧頭，我期待它能一擊劈開一整座大山。這是合理的嗎？」

「這當然是不合理的。」

「那有人抨擊這斧頭不能劈開一座大山，因此是完全無用的，這合理嗎？」

「這跟前一種想法一樣不合理。」

「這就對了，哲學家把人的思想想像成反映出世界倒影的鏡子，爭論世界符不符合倒影，太自信又太懷疑。可是思想從來都不是一片倒影，而是一件工具。智力是智人的特長，就像鳥類的翅膀，魚類的尾鰭，猿猴的雙臂，思想是幫人們生活的工具，想法對不對、錯不錯、真不真、假不假，取決於它對人們生活是否有益。」

「我好像理解了，這似乎是種嶄新的看法。至少我沒這樣想過。」

詹姆士微笑道：「也不盡然全新，只是被人們遺忘罷了。遠古時代人們曾用問題代表欲望，當問『這果實是從哪裡來的？』這反映了人們要食物，想生存。當找到果實的來源後，『答案』就像撬開胡桃殼的鉗子一樣幫人們得到了食物。但久而久之人們忘記了這點，把問題當謎語，把答案當謎底，毫不思索地發問與回答。哲學家更是輕易想像一切問題都有謎底，離開了現實，離開了知識，成了反智的野人。」

「這聽起來真是太不幸了。」

「笛卡兒認為，想法要百分百不可能出錯才可以被稱為『知識』，他所謂知識簡直是『神諭』，只要解錯一點兒，就會被天上的閃電擊殺。但真的是這樣子嗎？如果我對你說『看來下午會下雨。』我既沒有絕對的把握，也不是隨便說說。我可能希望你帶著雨具，或打消出門意圖。人追求知識，是為了生活，是為了知識帶來的好處跟結果，而不是為了成為解讀神諭的祭司。不需要笛卡兒那種百分百確定，任何人只要養成認真思考，糾正錯誤的好習慣，就能獲得知識，享受知識帶來的種種好處。」

「這就是實用主義的基本主張？」

「是的，這就是實用主義的主張：『在現實中有用與否』是人們的想法與理論是真是假的唯一標準。有用的想法與理論為真，無用、甚至有害者為假。真理只是生活的權宜之計，正如政治也是生活的權宜之計。拉到更長遠的人生來看，所有的權宜之計，都是生存之計。」

說完這段，詹姆士又舉了些例說明實用主義的概念，確定康傑理解無誤之後再繼續。不過隨著理解的更精確，康傑也開始提出問題了。

「可是如果真假的標準是有用與否，那麼會不會變成假話只因為有用就成了真的？」

「你的問題很好。這是個常見的批評，但也是錯誤的批評。因為它只考慮了撒謊成功的用處，卻對謊言被揭穿的風險視而不見。實用主義考慮的有用是長期的、全面的，對整個社會的有用，整體而論謊言並沒有真正的好處。不過，既然你問了，我想舉另一個更有趣的例子給你聽。」

「什麼例子？」

「假設今天所有自然科學都會使用的『數學』，其實都是『假的』或『錯的』。想像我們終於發現數字或圖形的關聯跟數學形容的完全不同，一加一會等於三，三角形內角和也不是一百八十度。但與此同時所有用到數學的自然科學，用錯的數學都能導得出正確的預測結果。這時候，你還會認為原來的數學是『錯』的嗎？」

「這樣說來，我好像反而會認為，原來數學的『錯』根本就沒關係。」

「是的，你的反應正說明了『有用』比純粹的『對錯』更重要。實用主義的想法並不背離常識，只是容易被誤解罷了。實用主義觀點下的『真』就是長期有用的信念，『假』就是非真的信念。只是實用主義的真假有『比較真』或『比較假』這種程度差異，好像『健康』有程度不同之別。雖然這跟跟我們平常習慣講的真假不同，但這只是表面的問題，若將眼光放遠，實用主義才是更全面的論點。」

「所以對實用主義來說，只要有長遠用處的想法，就是真的，不管內容是什麼嗎？」

「這是當然的，而且是好的。道德、政治、美感甚至是宗教等非科學領域，一樣常被人用兩極的態度對待，這些領域若不是神聖的，至高的，就是混亂的，欺騙的。但對實用主義來說，所有領域應該一視同仁，如果對人類整體來說宗教有益，就可以說宗教是真的，值得接受。」

「可是『有用即真』的判定標準會不會太寬鬆，導致真的理論太多，結果太過於混亂？」

「要在生活中長期有實用價值，並沒有想像中容易。要淘汰掉無用甚至有害的想法，常需要時間的累積。這也是真理之所以有價值的原因，真理能幫人們節省時間與錯誤成本。但千萬不要又把真理的價值曲解為與實用無關，這是誤入歧途，徒耗精神。任何理論無法促進社會的進步就是假的，不管哲學或者非哲學，科學或非科學。」

「太好了，謝謝您接受採訪。」

「不客氣。」

威廉．詹姆士在一九一〇年去世，他是美國在十九世紀末二十世紀初最具代表性的哲學家。

Cibala 老師碎碎念

本故事的主角是威廉・詹姆士(William James, 1842.1.11–1910.8.26)，美國哲學家、心理學家。在哲學上，他最有名的主張是跟查爾斯・桑德斯・皮爾士一起創建了實用主義。

這種觀點主要從進化論對人類的解讀而來，它將「人類」理解為生物中的一支，將思考視為工具，真假等於實用。詹姆士認為實用主義能調和傳統對立的理性論與經驗論，並且符合科學進步，以及整個世界的多元發展方向。

詹姆士的努力一方面讓他成為十九世紀後半的重要思想家，另一方面也是二十世紀美國的哲學開始走上國際舞台的開路者。在二十世紀後半，特別在二次世界大戰之後，美國的哲學變得越來越成熟而且重要。

哲學很有事，你也來試試

- 實用主義是種怎樣的理論？
- 實用主義認為判斷理論與想法是真是假的唯一標準是什麼？
- 詹姆士如何回答實用主義好像是說假話，只因為有用就成了真的？
- 詹姆士提到實用主義的真假跟我們平常習慣講的真假在哪一點上意思不太一樣？
- 詹姆士如何回答「有用即真」的判定標準會不會太寬鬆的問題？
- 你認為「有用」跟「真」的概念一樣嗎？為什麼？
- 你覺得詹姆士的論點有沒有什麼問題？

佛洛伊德醫生

往外張望的人在做夢，向內審視的人才是清醒的。

心理學家　卡爾・榮格

一八九七年，維也納。

「醫生，我已經沒救了，對不對？我已經病入膏肓了。」少女臉色慘白，無力地站在佛洛伊德的面前，她緩緩地伸出瘦弱的手，萬般無助。

「妳要對自己有信心。」佛洛伊德不知道該說什麼，但還是勉強地回了這句。

「我覺得，我已經沒救了。」少女嘆道：「我覺得我裡面，有另一個我，甚至是另一整群的我，在操縱著我，彷彿我是傀儡一般。」

「不可能，沒有人是這個樣子。」

「是嗎？」少女回道。只一瞬，少女的表情轉為猙獰，她道：「你才錯了，沒有人不是這個樣子。」

佛洛伊德感到害怕，退了兩三步，差點跌倒。

「醫生救救我！」少女又轉為無助，佛洛伊德看見少女口裡有個不可思議的發光體，越變越亮，最後一整個身體被亮光包圍了，佛洛伊德因強光無法睜眼，當他再張開眼睛的時候，已經到了另一個不知名的地方。

他發現自己身處於鋼鐵結構的建築之中，周圍不斷迴響著刺耳的鳴笛，到處閃著警示的紅光，許多穿著藍色盔甲的軍人在他周圍急忙跑動，彷佛受到攻擊一般。

「進攻！一定要給他們一點顏色瞧瞧。」藍軍指揮官道，其實佛洛伊德也不知道自己為什麼知道他是指揮官。

「遵命！」士兵敬禮之後離去。

不知道到底發生了什麼，佛洛伊德只好走到指揮官的旁邊，用他想到最客氣的語氣道：「請問，這裡是發生了戰爭嗎？」

「當然。」指揮官回道：「勢均力敵，慘烈的對抗。」

「為了什麼？」

「為了奧莉維亞。」

佛洛伊德直覺地認為，奧莉維亞就是剛剛向他求助的蒼白少女，不過他還是不懂這到底是怎麼一回事。

「我不懂您在說什麼？」

「你自己睜大眼睛看吧。」指揮官領著佛洛伊德向前走到窗邊，眼前是一片廣闊的平原，他們倆身處在視野良好的高塔裡。

平原上有兩支短兵相接的軍隊，左邊一整片身著鮮紅盔甲的部隊，士兵們手拿長戟，中央有一支大旗，上面寫著「本我」。右邊是清一色穿著湛藍色盔甲的軍隊，士兵們手拿劍與盾，旗幟上寫著「超我」，兩支軍隊正在平原戰場的中線殺得不可開交。

在線的正中央，有一個高台。佛洛伊德看見雙方軍隊都不斷有人在爬上高台的過程中倒下，戰死者在高台旁居然堆成了一座小山，兩邊的戰士們還不斷爬上小山，繼續用兵刃戰鬥。

「他們到底是為什麼而戰？」

「為了奧莉維亞。這是她心中的戰場，在她意識不到的地方，本我與超我永恆地作戰著。」

「我不懂你到底在說什麼。」

「讓你親眼看吧！」

那指揮官突然抓起佛洛伊德的手，直接從高塔的窗一躍而下，佛洛伊德本以為自己死定了，卻突然感受到一股向上的力量讓他騰空托起。他先是停滯，接著飛到了空中，指揮官帶著他，越來越靠近中央的高台。

佛洛伊德看見，有紅色士兵爬上中央的高台，正爬上去之時，卻被一個藍色士兵飛撲抱住摔了下來。接著是一名藍色士兵想爬上高台，卻反而被下方紅色士兵的長戟刺中了身體，慘叫後跌在地上。他這才看清高台上有個操縱台，在操縱台上方，有許多閃著銀光的鋼絲，筆直伸向無底的天空。

指揮官注意到佛洛伊德看見了鋼絲，他伸手指著天空，大喊：「為了奧莉維亞！」

「為了奧莉維亞？」

指揮官點點頭。但他只點了兩下，他的身體就被紅色士兵狙擊的弓箭射中，從空中墜落。佛洛伊德感受上升的力量突然變大，他整個人不斷快速地飛升，戰場快速變小。四周空間的景色也變了，他變成像在一個白色透明的冰塊中上升，戰場位於這個白色巨冰底端。飛升的他最後穿出了冰塊，又穿出了水面，浮在半空中。在他面前的是一座冰山，冰山在水面下的部分巨大的驚人。

「這到底怎麼一回事？」佛洛伊德自問，卻沒有人回答。

冰山露出水面的部分，冰塊中有一片陰影，好奇的佛洛伊德過去查看，發現那是凍結在冰山裡的，蒼白的、無助的奧莉維亞。他仔細看奧莉維亞的手腳，發現了那閃著銀光的鋼絲。

佛洛伊德又被一股力量快速拉遠，他看見了整座冰山，再度看見冰山底下那片戰場，接著他被一股力量猛力扔下，扔進一間教室裡。

佛洛伊德坐在教室裡，他環顧四周，同學們幾乎都聚精會神地聽著，佛洛伊德順著同學的目光往前看，看見了一位白髮蒼蒼，目光犀利如鷹，頭髮鬍鬚豎起如雄獅的老者，正在講台上激動地講課。佛洛伊德覺得自己好像認識他，又說不上來他是誰。

「我想介紹的，是人類在十九世紀末第三波的知識革命。」老者道：「人類第一波的知識革命，是哥白尼與牛頓在天文物理的革命，讓我們了解我們腳下的大地是什麼，讓我們在星辰中立定腳跟。」

老者掃視全場的學生，沒有人答腔。

「第二波的知識革命，是達爾文在生物學上的革命，讓我們了解我們與其他生物的關係，調整了看待自己的眼光，真正清楚了我們是誰。」

老者再度掃視全場的學生，依然沒有人答腔。

「第三波的知識革命正進行著，我們從來不曾真正了解『自我意識』。我們以為我們清楚，但這個『以為』不但沒有證據，反而讓我們裹足不前，不再探索追尋，人的『自我意識』是一座未知的森林。」

老者站在黑板前，開始畫圖，邊解釋道：「人類的自我意識被一個更深的，更複雜的『潛意識』所支配。我們的想法、價值、選擇、精神疾病都是在潛意識中形成的。人類的自我意識，就像是冰山露出海面的部分，只是海面下巨大部分的一角罷了。」

佛洛伊德想起了，冰山裡的奧莉維亞應該就是她的自我意識，而她的自我意識，受到冰山下的潛意識所控制。

「深藏在意識之下的潛意識，其實是一個『戰場』。人類的『自我』從來都不是和諧與統一的靈魂，而是欲望與理想角力的戰場。戰爭中主要的兩方，就是代表欲望，追求快樂的『本我』，跟代表道德或理想，追求秩序的『超我』。」

「『本我』與『超我』？」前排學生忍不住複誦道，老者點了點頭。佛洛伊德則想起藍軍與紅軍衝突的戰場。

「是的。『自我』是欲望與理想，本能與道德，內在與外在的平衡。每個人的自我都是更深的潛意識衝突與協調的結果。」老者說完這段，滿意地看著四周，臉上有飛揚的神色，佛洛伊德突然認出他了，老者就是他每天早上見到的自己，年老白髮的樣子。

佛洛伊德嚇了一跳，醒了。

「原來是夢。」佛洛伊德深吸了一口氣。

夢醒了，夢是虛幻的，一如清醒時。

Cibala老師碎碎念

西格蒙德‧佛洛伊德（德語：Sigmund Freud, 1856.5.6–1939.9.23），奧地利心理學家、精神分析學家、哲學家。生於奧地利弗萊堡（今屬捷克），後因躲避納粹，遷居英國倫敦。精神分析學的創始人，被稱為「第一精神分析學派」（有別於後來發展出的第二及第三學派）。

一八八一年，佛洛伊德獲取博士學位後，進入一家維也納醫院工作。臨床經驗為他將來對潛意識的深刻理解和精神分析學的基礎。儘管部分人認為精神分析學並非有效的臨床治療方法，但激發了後人提出各式各樣的精神病理學理論，在心理學發展史上仍具有重要意義。

佛洛伊德著有《夢的解析》、《精神分析引論》、《圖騰與禁忌》等。

他提出「潛意識」、「自我」、「本我」、「超我」、「伊底帕斯情結」等概念，以及兒童性行為等理論。其理論細節部分已經被心理學界拋棄，但理論的框架和研究方式深深影響了心理學發展，對哲學、美學、社會學、文學、流行文化等都有深刻的影響，被世人譽為「精神分析之父」，是二十世紀最偉大的心理學家。

哲學很有事，你也來試試

☆少女一開始說她沒救了，是為什麼？
☆佛洛伊德看見兩支軍隊戰鬥，為的是爭奪什麼？
☆佛洛伊德上課時聽見的「人類第三波知識的革命」是認識什麼？
☆老者認為人類自我意識是怎麼一回事？
☆老者認為人類「自我」真正的樣貌是怎樣？
☆你覺得佛洛伊德這種對人的看法正確嗎？簡述你對這種理論的想法。

青春超哲學

冀劍制　著

本書運用哲學觀點省思世界上正在發生的時事議題，將看似艱深的理論應用於日常生活中的實例，除了有助理解，更能增添趣味，提高一般大眾深度思考的能力，引領哲學進入我們的生活中。

哲學概論

冀劍制　著

本書為哲學入門教科書，不同於傳統以訓練哲學專業為目標，而是著重在引發學生興趣與思考，書中廣泛介紹各種哲學議題，以十八篇小單元，每篇一個主題，不偏重於任何特定主題的方式來規劃。

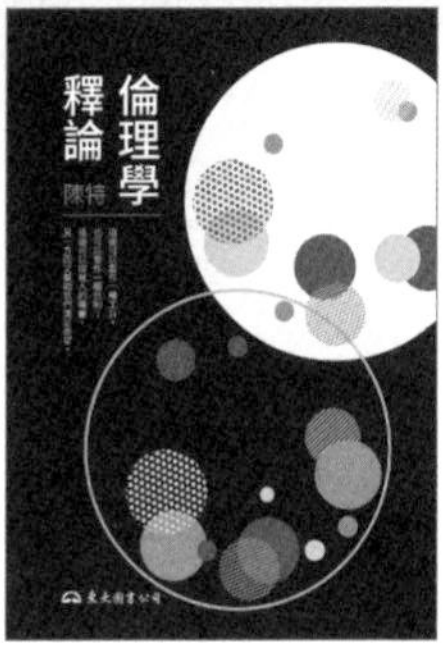

倫理學釋論

陳　特　著

透過本書希望讀者能思索、反省道德對於人生所可能具有的意義與價值，以及在道德的領域中，我們的生命可能會產生什麼樣的變化，進而找到新的人生方向與意義。

海德格與胡塞爾現象學

張燦輝　著

本書將層層剖開海德格的哲學觀，直抵現象學核心，一本書、一種思考方式、一個新世界將在你眼前展開。作者層層剖析海德格與胡塞爾這對師生對於現象學的發展、變化乃至超越與困境。

近代哲學趣談

鄔昆如　著

本書為從文藝復興開始，一直到黑格爾的辯證法為止的思想歷程作者以深入淺出的方式，引導人們認識西方近代哲學，從而領悟到「精神生活的確立與提昇為人類文化發展之方向」的意義。

生老病死間的大哉問

黃珮華　著

作者在本書中，討論了基因檢查、墮胎、聰明藥、安樂死、醫師專業等生醫倫理學上的爭議，援引當代世界各地的實例。本書以宏觀的視野來關注生命、醫療、基因工程、哲學、倫理學、社會公義、人類未來發展等議題，是極佳的生醫倫理入門書。

國家圖書館出版品預行編目資料

哲學很有事：十九世紀／Cibala著.——初版一刷.——
臺北市：三民，2020
面；　公分.——(Think)

ISBN 978-957-14-6749-8（平裝）
1.西洋哲學史 2.近代哲學 3.通俗作品

143.2　　　　108018550

Think

哲學很有事：十九世紀

作　　者　Cibala
責任編輯　連玉佳
美術編輯　陳子蓁

發 行 人　劉振強
出 版 者　三民書局股份有限公司
地　　址　臺北市復興北路 386 號 (復北門市)
　　　　　臺北市重慶南路一段 61 號 (重南門市)
電　　話　(02)25006600
網　　址　三民網路書店 https://www.sanmin.com.tw

出版日期　初版一刷 2020 年 1 月
書籍編號　S100410
I S B N　978-957-14-6749-8

三民書局